漫娱图书

古 人 很 潮 MOOK 系 列

古潮 编著

苏轼

人间惊鸿客

长江出版社
CHANGJIANGPRESS

漫娱图书

目录

第一章 初出茅庐

- 书自故人来 —— 苏轼诗词入门模拟考试 …… 004 008
- 眉州 —— 初识人世却言白首如新 …… 024
- 汴京 —— 崭露头角却遇万千波折 …… 035
- 江城子 —— 四处辗转竟又痛失所爱 …… 050
- 眉州 —— 重整旗鼓可叹佳期难得 …… 060
- 北宋八卦日报 …… 070

第二章 道尽坎坷

- 密州 —— 兼怀子由道尽悲欢离合 …… 076
- 变法 —— 置于死地而后生 …… 086
- 登州 —— 东山再起未问少年在否 …… 100
- 定州 —— 世事无常只喜浮生百味 …… 111
- 归去 —— 原来人间已过百年 …… 121
- 关于被贬之后成为种田文男主这件事 …… 129
- 苏轼小访谈 听说你熬死了四个皇帝三个太后? …… 138

第三章 惟愿一识苏徐州

- 有一种势均力敌，你必须要知道 146
- 苏东坡受害者联盟 160
- 苏家兄弟二十问 165
- 长忆别时——原来挚友当如此 172

第四章 人间有味是清欢

- 《走近坡学》，为您揭秘 178
- 美食区UP主的教学日常 184
- 苏轼的种草推荐 190
- Vlog：生活区UP主的日常 197

绝密 ● 启用前

（代码：103718）

苏轼诗词
入门模拟考试

文 / 晚无

注意事项： 1. 答卷前，请考生务必将自己的姓名等信息填写在试卷指定位置上。

2. 考试结束后，将本试卷和答题卡一并交回。

第一部分 · 《题西林壁》

题西林壁

横看成岭侧成峰，远近高低各不同。

不识庐山真面目，只缘身在此山中。

一、选择题

1. 苏轼从黄州去往（　）任职的途中去了庐山。

　A. 汝州　　B. 筠州　　C. 常州

2. 这首诗的背后涉及的人物有（　）。

　A. 苏辙　　B. 参寥子道潜　　C. 陶履中

二、填空题

3. 苏轼游庐山的旅游攻略来自_____。

4. 苏轼自费游旅游团的口号是_____。

三、简答题

5. 简述苏轼从黄州到庐山的行程路线。

6. 简述苏轼去庐山的起因与目的。

7. 试结合苏轼游庐山所作的其他诗篇浅析苏轼进入庐山后的心路历程。

四、附加题

8. 谈一谈如何识得"庐山真面目"。

第二部分·《水调歌头》

五、诗词鉴赏

9. 以苏轼"粉丝"的视角解读：明月几时有，把酒问青天。不知天上宫阙，今夕是何年。

10. 以皇帝身边的道士的视角解读：我欲乘风归去。

11. 以神宗皇帝视角解读：起舞弄清影，何似在人间。

第三部分·大杂烩

六、语言文字运用

12. 默写《江城子·密州出猎》并回答下列问题：

（1）从路人视角描述当时场景。

（2）比较柳永与苏轼的词风差异。

13. 读《定风波·莫听穿林打叶声》有感。

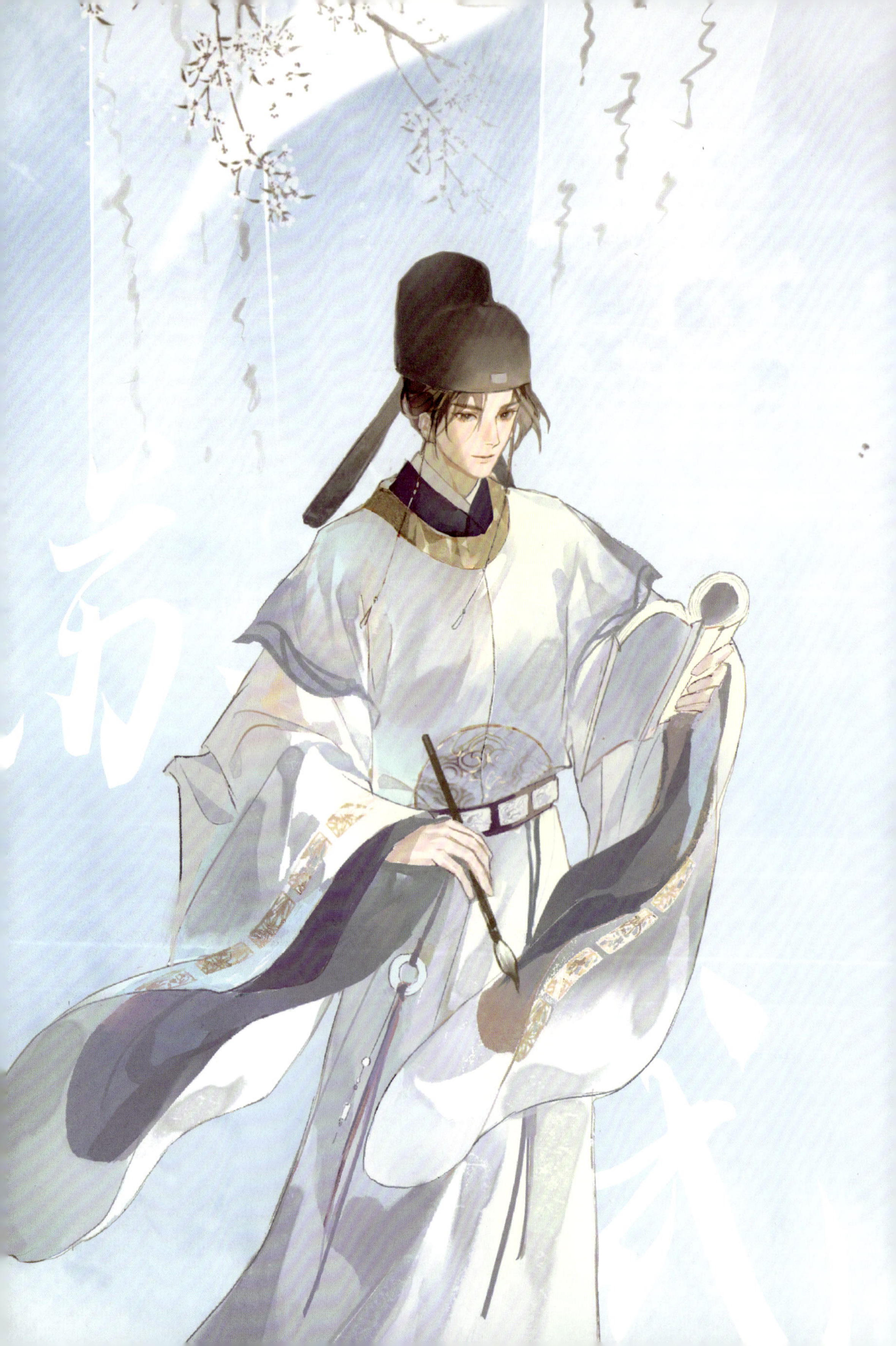

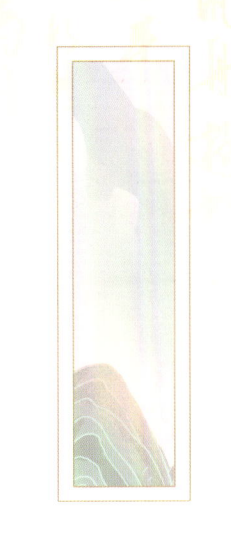

休对故人思故国，
且将新火试新茶。
诗酒趁年华。

书自故人来

文／明戈

你好，欢迎来到桃花坞。

这里是调查部，专门负责接收及处理来自古人的委托。

看来你已经收到我们帮苏大人转交的信件了。从这一刻起，你便正式成为桃花坞调查部的一员。

请将你带来的无字信放入星轨读取区中，读取成功后，即可开始任务。

苏轼·人间惊鸿客

> 扫描区

请扫描此处，获取苏轼留言。

你阅读完门上的提示，看着郊外这所普普通通甚至堪称破旧的小茅屋，将信将疑地走了进去。

三天前，你的收件箱里多了一封信。收件人写了你的名字，而寄信人竟是苏轼。

一开始你以为是谁的恶作剧，直到你打开信封，发现里面的信纸空无一字，可纸却极其讲究，你查阅资料得知，那是上好的澄心堂纸。

纸张散出浓浓的墨香，如果不是看不见字的话，这定当是封写满言语的信。

你又看了看信封，最下方有行小字——桃花坞转寄，还附了地址。

所以今日你才会来一探究竟。

你抬步推门进入，那里果然有台机器。

你犹豫了下，随后将信放在上面。瞬时间，你周围的一切突然扭曲起来，似乎在把你拉到另一个空间。

维度的波动吓得你不由自主闭上眼睛，直到感觉一切平静下来，你才敢微微睁开。

001

面前不再是破败的草屋，已变成一处古色古香的宅院。夜空中高悬着明亮皎洁的月亮，只有一点淡淡的云。

东风袅袅泛崇光，香雾空蒙月转廊。

只恐夜深花睡去，故烧高烛照红妆。[1]

---

[1] 出自苏轼《海棠》。

书自故人来

你忽然听到有人在院里吟诗，声音很低，像在呢喃一样，于是你轻手轻脚地走了过去。

那是个正垂眸赏花的男子，手上拿着一支红烛，烛光闪动着，映得他的睫毛在脸上投下长长的阴影。

你正犹豫要如何开口，男子却抬头看向你："你来了。"

"你认识我？"你瞪大了眼睛，"等等，您不会就是苏子瞻苏大人吧？"

"正是在下。"苏轼点点头，站了起来。

"所以……我是穿越了？"你震惊之余又一头雾水。

苏轼熄灭蜡烛轻笑了一声，而后道："准确来说，你现在在我的信里，我是由墨构筑出的实体。"说罢他用手轻扶了扶一枝被压折的海棠，花瓣上果然留下了一抹墨痕。

这时你才发觉月光照在他的竹纹白衣上，苏轼整个人竟轻盈得透明。

"那……您需要我为您做些什么？"面对苏轼，你难免有些局促。

苏轼缓步向你走来。他头发束得一丝不苟，风吹过，宽大的衣袖微微飘动，整个人栩栩如生。只不过在听了你的话后，他浓黑的眉间似乎染了些许愁绪，面容在这如水的月色下顿显忧伤。

"一千年了……"他抬头看向月亮，"这千年的时间太久，久到我忘记了很多事情。

"快乐的，悲伤的，我一生的种种，统统只在我脑海里残留下一些碎片，像烟云一样，我几乎回忆不起。"

听到苏轼这样说，你：

· A ·
决定帮助
苏轼补全人生之图
跳转 5

· B ·
觉得自己难以担此
重任
跳转 3

002

"您……为何秉烛于此?"

"这花开得极好,我恐她睡着,想借着烛光好好看看她。"苏轼的回答十分浪漫,你正愁如何继续发问,苏轼又道,"只是这点点烛光,却照不亮黑夜。"

听着苏轼的话语,你明白这是他潜意识里的愁思。

他本自幼以范滂为榜样,胸怀大志。风华正茂之时想大展拳脚,却敌不住满朝风雨。

"对了,我年少的报国梦可曾实现?"苏轼问你。

你顿时语塞,不知该如何回答。

见你的反应,苏轼叹了一口气:"所以是因何故?无妨,告诉我吧。"

> 跳转076页
> 密州:
> 兼怀子由道尽
> 悲欢离合

003

虽然不知道为何要由你来做这件事,可面前这位是何人?这是传说中的苏轼大大啊!

这要是一个闪失……想到这里,你不好意思地拱了拱手:"实在抱歉,我人微力薄,恐怕不能担此重任。您……另请高明吧。"

苏轼听后却没说话。

你见对面迟迟没有回应声,便抬起头来。

只见苏轼叹了一口气,而后说:"既然不想留,我也不强求。只是来都来了,吃点东西再走吧,也算我尽了地主之谊。"

书自故人来

一时间，你不知是该震惊"来都来了"真是古今通用，还是该疑惑这信中世界的食物还能吃。

只见苏轼走进屋内，不多时端了一盘荔枝出来。

"此物味甚美，分享给你。只是我并不知道这是什么。"苏轼面上带着愁绪与茫然，剥开一颗举起来，对着月光欣赏着。

"这是荔枝啊，您最喜欢吃了。"你惊讶地挑起了眉毛，你没想到苏轼竟然连这个都不记得了。

"荔枝……"苏轼在口中低声重复了好几遍，而后欣喜地看向你，"没错，这是荔枝！"

"日啖荔枝三百颗，我记起来了！"苏轼连眉梢眼角都变得弯弯的，俨然十分开心的样子。

看到苏轼如此，你心底突然一紧，像是被细小的针扎了一下。

于是你不由继续说道：

·A·
"其实您喜欢的东西还有很多。"
跳转8

·B·
"在惠州，您喜欢到都要做岭南人了。"
跳转6

004

"您曾夸过湖州的花溪。"

"湖州……"苏轼似乎头更疼了，他按太阳穴的手明显更加用力，指节都泛白起来。

"好多柏树，我看到好多漆黑的柏树。"

"您没事吧？"你连忙站起来走到他旁边，这时你才发现他额角竟沁了一层薄汗。

012　苏轼·人间惊鸿客

苏轼安慰地向你摆了摆另一只手。

"这湖州乃何地,为何我会如此反应。"苏轼抬眼看你,眸中满是悲伤与不甘。

漆黑的柏树……

猛然间你记起御史台植柏树,柏树上常停满乌鸦,所以御史台又称乌台。

"《湖州谢上表》,"你喃喃出声,"这是……"

——乌台诗案。

怪不得苏轼会如此反应。

他正是在那里被御史台的吏卒逮捕,皆因他那篇《湖州谢上表》被敌对新党利用,从而被下入狱中整整一百零三日,在鬼门关走了一遭。

若不是"不杀士大夫"的国策,他早就被取了项上人头。

你看着苏轼悲愤的眼神,不知该如何对他讲。他的壮志与抱负,所有的意气风发,都在那身穿囚服暗无天日的三个月,凋零殆尽。

可这是他人生的一部分,即使这部分再不堪回首……

跳转086页
变法:
置之死地而后生

"苏大人,这重任就交给我吧!"

能替这样一位历史名人补全人生,简直是做梦都不敢想的事情。

只是不知道苏轼为何会选择这样一个夜晚与你碰面。

你决定接下来选择一个切入点开始聊天:

书自故人来

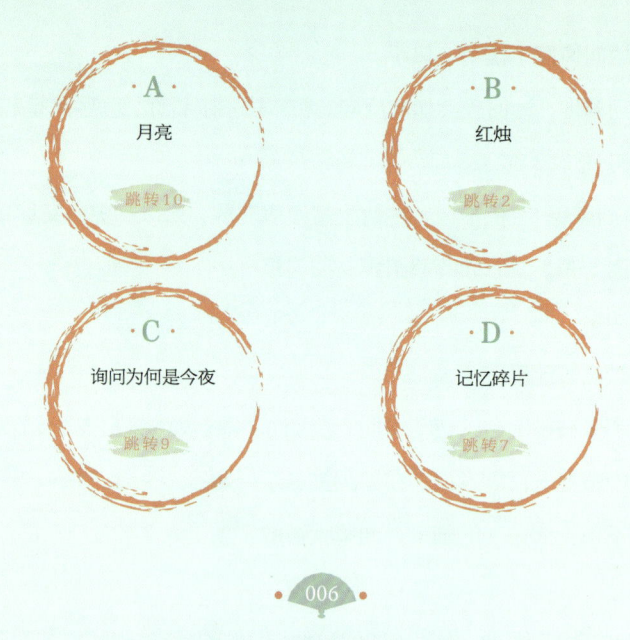

- A 月亮 跳转10
- B 红烛 跳转2
- C 询问为何是今夜 跳转9
- D 记忆碎片 跳转7

"这荔枝美味如斯，也难怪我会写'不辞长作岭南人'……"苏轼说得磕磕绊绊。他眉头皱起，似乎在尽力捕捉那游离飘忽的记忆。

"我是因何到岭南的？"苏轼似乎回忆得头疼，伸出修长的手指轻揉太阳穴，而后问向你。

"您是被贬到那里的。"你如实回答。

"被贬……"苏轼眼中闪过一丝失落，"我……常常被贬吗？"

你张了张嘴，忽地不知该如何开口，只能哑了半晌后斟酌道："您……游览过很多地方。"

苏轼走到凉亭内，半靠着斜坐了下来，垂首继续问道："是吗，我都去过哪里？"

你跟着他走了过去，也坐到一旁的座位上。

"您去过黄州，游览过雄壮的赤壁矶，也去过汝州，还途经风景如画的庐山。湖州七月的花溪，杭州八月的钱塘，扬州三月的杨花，惠州四月的西湖……您都见过。"

"这么多地方……"苏轼依旧低着头，你看不清他的表情，"你觉得哪里最好看？"

你犹豫再三，而后回答：

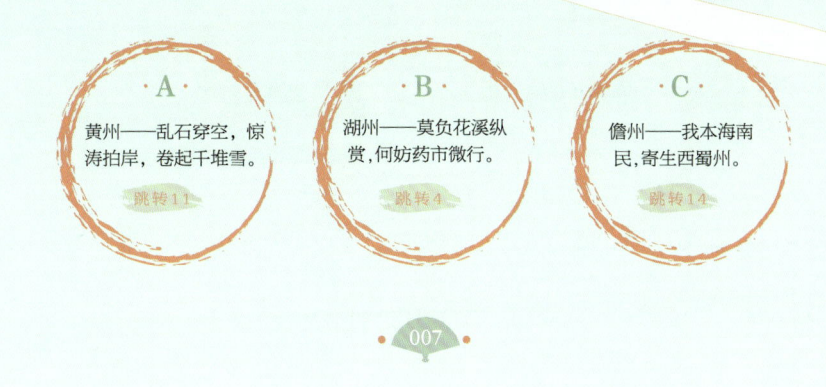

· A ·
黄州——乱石穿空，惊涛拍岸，卷起千堆雪。
跳转 11

· B ·
湖州——莫负花溪纵赏，何妨药市微行。
跳转 4

· C ·
儋州——我本海南民，寄生西蜀州。
跳转 14

"您现在能回忆起什么碎片呢？"你决定从他最深刻的回忆入手，能穿过千年风雨腐蚀，依旧存留下的碎片，定是最难忘的。

"我记得一方轩窗，中间有位女子……"苏轼坐到亭子内，斟了一杯酒，随后一饮而尽。

"每每想到她，我的心都仿佛刀割般疼痛。"

"十年生死两茫茫，不思量，自难忘。"你想起了什么，喃喃诵道。

苏轼仿佛被词触发了新的记忆，猛地抬起头。

"千里孤坟，无处话凄凉。"他握着酒杯的手突然发抖起来，豆大的泪滴从面颊滑落，砸到地上。

顷刻间，那方才脊背挺直的男子似乎老了十岁，颓坐在桌前。

那是他的发妻。

青梅竹马的发妻。

早早撒手人寰的发妻。

他不再说话，只是一杯接一杯地喝着酒，直到整个人醉倒伏在案上。

"王弗……"

苏轼呢喃着这个穿越历史风尘回到心头的名字，声音温柔得仿佛千年前初见她时的模样。

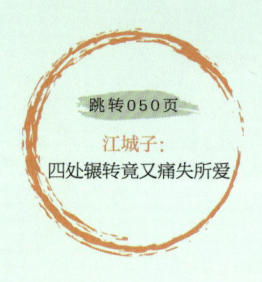

> 跳转024页
> 眉州：
> 初识人世却言白首如新

> 跳转050页
> 江城子：
> 四处辗转竟又痛失所爱

"哦？"苏轼明显来了兴趣，眼中闪烁着好奇与期待的光。

你认真地点了点头。

虽然苏轼仕途并不顺利，可他从未就此意志消沉。他将目光投向其他微小而幸福的方向，无论美食还是爱好，他都在竭尽全力继续热爱生活。

"您知道，千年以后我们的时代有一句名言：世界上只有一种英雄主义，就是在看透生活的本质后继续热爱生活。"你看着苏轼炯炯的双眸，感叹道，"您真是一位可爱又勇敢的人！"

苏轼眨了眨眼，一些记忆似乎涌入脑海。

"惆怅东栏一株雪，人生看得几清明。"[1]

他负手缓缓吟诵起来。

看着这样的苏轼，你不由改变了想法："我来帮您补全剩下的吧。"

苏轼看向你，嘴角扬起一丝笑。

"好啊。"

> 跳转177页
> 人间有味是清欢

1 出自苏轼《东栏梨花》。

● 009 ●

"苏大人,不知您为何选……"

苏轼笑着打断了你:"莫急,想必你也疑惑为何我会找你吧?"

你点点头。

苏轼将红烛放到你的手上。

"待你为我补全人生,拿着这支红烛,我自会告诉你原因。"

〔获得道具:红烛。可用于开启番外〕—返回5

● 010 ●

"苏大人,您曾在千年前一个同样的月圆夜作过一首词——《水调歌头》,在我们那个年代特别火,不仅进了课本,还被编成了歌。"

"哦?不妨唱来听听。"

面对苏轼的要求,你也不敢拒绝,只能尽力稳住声音不要跑调。

"明月——几时——有,把酒——问——青天。

"不知——天上——宫阙,今夕——是何年……"

一曲终了,你瞥见苏轼眼角又泪光闪动。

完了,把苏轼大大难听哭了。

你正犯愁怎么办,苏轼却是举头望向月亮。

"我常常能在月亮里看见一个人,与我身形相近,气质儒雅。我每每想起他,便会止不住地悲伤。"

苏轼说的莫不是……

书自故人来

A 苏辙 跳转12

B 黄庭坚 跳转13

011

"大江东去,浪淘尽,千古风流人物。故垒西边,人道是,三国周郎赤壁。乱石穿空,惊涛拍岸,卷起千堆雪。江山如画,一时多少豪杰。

遥想公瑾当年,小乔初嫁了,雄姿英发。羽扇纶巾,谈笑间,樯橹灰飞烟灭。故国神游,多情应笑我,早生华发。人生如梦,一尊还酹江月。"[1]

这是初中语文课本里你最喜欢的一首词,你慷慨激昂地朗诵完了整首,才想起来原作者正坐在自己面前。

你看了看手中隐形的斧头与大刀,脸腾地通红。

苏轼却是朗然大笑起来:"不错不错,我写得不错,你背得也不错。"简单一句话,将你的尴尬瞬间化解。

"那里的景色的确是棒。话说回来我为何会去黄州?"还未等你答,苏轼又自己继续道,"嗯……八成是又被贬了。"

具体情况你虽然也记不太起来,但被贬的确是永恒的原因。

你有些后悔选了这个地方,因为你不知道该如何安慰苏轼。他明明是个天才少年,怀着一腔热血走入官场,想为国效力,却总是失望而归。

"我并没有那么难过。"

苏轼看向你,语气轻缓。

听他这样讲,你震惊地抬起头。

"虽然我也想仕途坦荡,可既然已经如此,那看看祖国的大好河山也蛮好。"

苏轼不知是在安慰你,还是在安慰自己,抑或是他真的这样想,你分辨不清。

---

[1] 出自《念奴娇·赤壁怀古》。

"虽然我不记得了,但不论被贬到哪,我相信自己都做了一个为百姓着想的好官。"

苏轼的眸子亮亮的。

"一点浩然气,千里快哉风。"[1]

苏轼笑着吟完诗,而后对你说:"去吧,去帮我把全部记忆带回来。"

"您……"你一时怔住,半晌后郑重地点了点头。

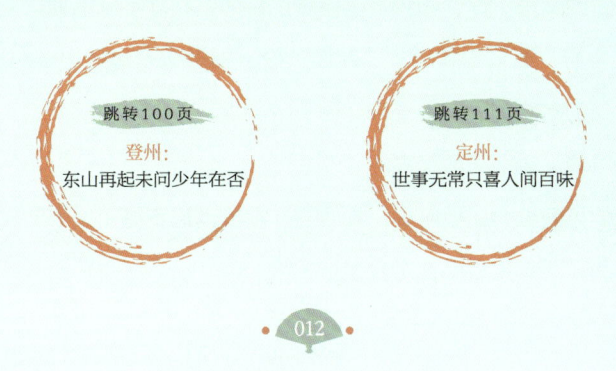

跳转100页
登州:
东山再起未问少年在否

跳转111页
定州:
世事无常只喜人间百味

"您怀念的是您的胞弟吗?"

听到这句,苏轼顿时泪如雨下。

"子由……对,我的弟弟子由……"

你记得这对自幼一起长大,感情甚好的兄弟俩成年后聚少离多,终其一生未见过几次面。

"您别急,我这就将他的记忆带给您。"

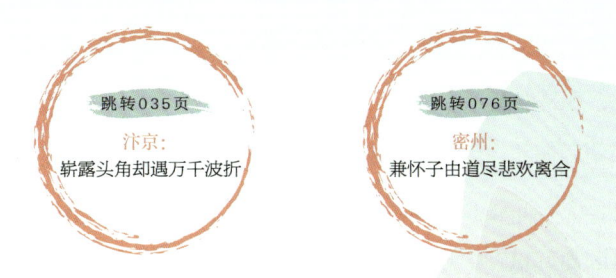

跳转035页
汴京:
崭露头角却遇万千波折

跳转076页
密州:
兼怀子由道尽悲欢离合

---

[1] 出自《水调歌头·黄州快哉亭赠张偓佺》。

⊙ 013

苏轼摇摇头，而后拿起酒杯破涕为笑。

"不过你说的名字，倒是让我想起来些新的回忆。"

"鲁直这小子，总来找我蹭饭，我每次做鱼都躲不过他。"苏轼眉梢眼角都是笑意，似乎陷入到了回忆里。

"要不是看他文采不错，和我下棋作对也合拍，我才不分给他。"

你见苏轼喜悦，连忙附和道："你们'松下围棋松子每随棋子落，柳边垂钓柳丝常伴钓丝悬'的对联的确流传至今。"

苏轼的语气却又忽地失落起来。

"可惜我们见面机会屈指可数，其他的好友我也记不得了……"

你一拍胸脯："大人放心，有我呢！"

跳转145页
惟愿一识苏徐州

⊙ 014

"儋州。"

海南，细沙白浪，碧海晴空。这里的景色现在来看的确美极了。只是宋朝时的海南并非如此，那是块蛮荒之地。

你说出来便后悔了，因为你想起苏轼在那里的晚年并不幸福，甚至可以直接说是过得不好。

政敌就是因为苏轼在惠州太能苦中作乐，才会把他贬到海南，在当时那是仅次于死刑的惩罚，必不可能让他好过。

现在你只希望苏轼并不记得那里的事,不然你真是有故意讨打之嫌。

"那里啊……我记得。"苏轼淡淡开口。

完蛋。

"对不起大人!我忘记那里环境奇差,上头还故意刁难您,下令让您'不得食官粮,不得住官舍,不得签公事',我不是有意提儋州的。"说完这句话,你越来越觉得自己像故意的。

你的话倒是让苏轼想起来更多事情,不过与你说的大相径庭。

"我隐约记得自己过得挺开心的。印象中有淳朴的村民,嬉笑的儿童,还有一只大狗。"苏轼笑眯眯的,丝毫看不出曾经受苦的样子。

"可您……"你觉得此时说不合适,可犹豫了半天还是问出了口。

"您被贬于此,一点不委屈难过吗?"

"难过啊,怎么会不难过?"苏轼转头看向你,笑着回答。

"'心似已灰之木,身如不系之舟。问汝平生功业,黄州惠州儋州。'[1]我不难过又怎会写出此诗?"

此时你不敢看向苏轼的眼睛,那是双绝望与希望交织的眸子。

你更希望他别再释然地笑了,这种淡然让你的心一剜一剜地疼。

苏轼看出了什么,拍了拍你的肩膀。

"我那些游离的记忆大部分是发自内心的开心。就像我记得我离开儋州时那些对我不舍的百姓,这比在朝为官让人喜悦多了。"

"况且,只有喜忧参半的……才是真正的人生啊。"

苏轼的眼神带着深意与笑意——那是一个文学巨匠与素袍青衿、一个名满朝野的天才与普通小吏的人生。

这样的人生度过世间百载、历史千年,穿越风雨星云来到世人面前,带着沛然的精神绵绵以永,映得万世通亮。

而你,要补完这最后终章。

---

[1] 出自《自题金山画像》。

书自故人来

跳转121页

归去：
原来人间已过百年

· 番外 ·

你帮苏轼还原了人生星图，重新回到了这方庭院。

"谢谢你。"

苏轼转过身来，一笑朗然。

"对了。"你忽然想起了什么，而后翻出那截红烛，"所以您因何找我？"

苏轼看向你，眼睛里有微光闪动。

"你以为今天是我们第一次见面吗？"

说罢他低头看了看那株被折弯、现在已被他重新栽好的海棠。

等等……难道说千年前……

你看向自己的胳膊，内侧竟多了抹绯红胎记，同苏轼在花瓣上留下的墨痕如出一辙。

月落参横，旭日将出。

苏轼笑着对你挥挥手，随后周身开始泛出淡淡的、水般漾开的墨迹。

待你回过神来，已经重新身处那破败的郊外小屋。

面前地上掉落着那封无字信。

原是……

——书自故人来。

初出茅庐

·第一章·

CHUCHUMAOLU

眉州 MEIZHOU

初识人世

却言白首如新

BAISHOU RUXIN

文/拂罗

年幼时的苏轼，曾听他爹苏洵讲过大宋建国之前的事情。

当万国来朝的盛唐沦为古籍中才能窥探一二的历史，当李杜为首的大文豪驾鹤做了仙人，三百多年乱世烟尘滚滚碾过，对于出生在大宋繁荣时期的苏轼来讲，王维诗里的"万国衣冠拜冕旒"是他从未亲眼见过的盛景，"唐"是"美人如花隔云端"[1]的存在。

宋朝没有像唐朝那样扫平中原、震慑四方的魄力。

若沿着版图一路北望，便能看见西夏、辽国正虎视眈眈——苏轼曾看着爹朝着北方重重叹气，当时他领着年幼的弟弟苏辙在院里玩耍，还不懂大人们眼中隐隐的忧虑。

"爹，咱们家现在不是过得很好吗？"他一本正经地安慰爹，"再叹气您的胡子都要白啦！"

父亲抚着兄弟俩的头，徐徐为他们讲起那些历史。

"外族贪婪，年年输纳的岁币恐怕有朝一日不能满足他们，如今我朝虽安逸，偏偏重文轻武，唯恐数载之后会成为祸乱的伏笔啊……"

其实，介于唐宋两朝之间还有一段被称为五代十国的时期，整整维持了七十二年，这足以让一个懵懂孩童长成饱经战乱沧桑的老人。

那时的唐朝如同一枚布满裂纹的巨蛋，被"啪嚓"打碎后，各大藩镇势力立刻割据国土，为这个无比混乱的黑暗时期拉开了序幕。

老大哥式微了，这江山谁抢到就归谁，在座诸位全是黑恶势力，谁不想趁他乱要他命呢？

"你吃了吗？"

"吃了。"

"今天咱去分一杯羹不？"

"走起！"

---

[1] 出自李白《长相思》。

天祐四年，梁王朱温彻底灭了唐，他强迫唐哀帝禅让皇位给自己，然后在北方中原地区建立了后梁。

然而，老大轮流做，明年到我家。在接下来的七十二年里，北方一共经历过"后梁、后唐、后晋、后汉、后周"五代势力统治。

而"十国"则指的是南方的十多个政权，它们与北方更迭的五代政权并存了几十年。

这群魔乱舞的黑暗时期，无疑给百姓带来了毁灭性打击。

幸好，随着某个大人物横空出场，终于有个稳定的朝代基本统一中原——他叫赵匡胤，他开辟的朝代正是苏轼身处的宋朝。

赵匡胤其实本是后周的最高统帅，并在后周最贫弱时暗暗起了反心，可是名不正言不顺啊，怎么办呢？

他想了个办法：先偷偷在陈桥散播"后周要完，不如让赵匡胤当皇帝"的消息，然后又拉来弟弟赵匡义和亲信们，备好一件黄袍，他自己装作喝醉不知情的样子，再让人"呼啦"一下把黄袍披在他身上，高呼万岁。

"后周完啦！我们要选您当皇帝！"

赵匡胤演技十足地揉着眼睛，一脸为难，然后毫不犹豫地回京一脚把后周恭帝踹下了龙椅——准确来讲是恭帝禅让的。

权力交接就这样很心机、很有仪式感地完成了，从此国号改为宋。

乱世结束不易，皇位更来之不易，赵匡胤深知这一点，在位的几十年里，他带领众臣认认真真地开启了繁荣的"建隆之治"，终于让饱经沧桑的土地恢复了元气，但宋其实并未彻底实现统一，因为幽云十六州始终在外族手里，宋辽几次大战都没能收复。

打来打去没个尽头，到了大宋第三位皇帝赵恒，他签订了"澶渊之盟"，每年按照约定向辽国赠送一定数额的钱财，以求暂时停战。

从此，大宋人文迅速兴起，人们渐渐忘记了战乱带来的惊惶，在繁华的汴京过着"举目则青楼画阁，绣户珠帘"[1]的生活。

景祐三年冬，第四位皇帝赵祯的时代，苏轼在眉州出生，早听爹娘说，他们一族乃是唐朝名臣苏味道的后人。

那时爷爷苏序还活着，经常教育苏轼和苏辙："小子，读书可要从娃娃抓起！别看你们爹如今才名远扬，知不知道他小时候是什么样？唉！那叫一个不学无术……"

苏洵："爹，你反复跟孩子提这黑历史做啥子啊？话说回来，您小时候不也是一样吗？"

苏序："你再说一遍？"

苏洵："没没没，我说您天资聪颖，厚积薄发。"

看着老顽童似的祖父和老爹，苏轼默默地与苏辙对视一眼，他终于明白自己这放浪不羁爱自由的性子是随谁了：祖传的。

苏辙：……我时常因为过于老实而跟你们格格不入。

爹的黑历史，苏轼早已背得滚瓜烂熟：作为名臣之后，苏洵完美继承了祖先的聪慧，打小就是个聪明孩子，奈何从小仗着家里吃穿不愁，养成了不羁的性子，喜欢四处仗剑远游，最不喜欢伏案苦读。

十五岁时，苏洵终于在他爹眼巴巴的注视下拿起了书，叼着草叶扫了眼，放下了。

苏洵理不直气也壮："爹，我学不会。"

苏序也叼着草叶，气得直笑："好啊，我就不信你能逍遥十年二十年，等到你爹我哪天没了，看你拿什么养家。"

然后……苏洵就真的逍遥了十年之久。

苏序："这臭小子。"

---

1 出自孟元老《东京梦华录》。

直到二十五岁,苏洵才真正捧起书本备考[1],带着一种"我不会是因为我不稀罕学,我一学肯定就会"的迷之自信,他信心十足地跟同乡一起去赶考,没考上。

已经奔三的苏洵立刻傻了眼。

苏洵恨不得重重给自己一巴掌,这才意识到曾经的自己多么傲慢。

二十七岁那年,他终于开始苦读,誓要一雪前耻,而苏轼和弟弟苏辙正是老爹开始发奋后出生的。

与性子内敛的苏辙不同,苏轼完美继承了老爹的外向,连哭声都比后来的苏辙更响亮,之后爹为他起名"轼",意为车前扶手,虽默默无闻却至关重要;两年后弟弟出生,爹给他起名"辙",意为车辙:天下的车皆需顺着辙走,车辙虽然论不上功劳,但如果哪日车翻马毙,也绝无怪罪到辙上的可能。[2]

因为老爹忙着发奋读书,所以兄弟俩平日由母亲照料,还有个同样喜爱读书的姐姐八娘,她只比苏轼年长一岁。

在爷爷犯愁的目光里,苏轼整天嘻嘻哈哈地带着姐姐玩闹,老实的苏辙仿佛哥哥姐姐身后的小尾巴,他们去哪儿,他就去哪儿。

"轼儿这孩子以后不会跟他爹那时一样不学无术吧?"

苏轼不止一次偷偷听爷爷唠叨过。

"哥,"苏辙有点儿担心,瞅瞅他,"爷爷他又皱眉头……"

"放心,你哥我今早已经写好一篇文章了!"年幼的苏轼得意地笑,"待会儿你也写一篇,咱们拿去给爹瞧瞧。"

孩子是父母的影子,在苏轼的小脑瓜里,他很难想象父亲不学无术的样子,因

---

[1] 苏洵《上欧阳内翰第一书》:洵少年不学,生二十五年,始知读书,从士君子游。年既已晚,而又不遂刻意厉行,以古人自期。而视与己同列者,皆不胜己,则遂以为可矣。

[2] 苏洵《名二子说》:轮、辐、盖、轸,皆有职乎车,而轼独若无所为者。虽然,去轼,则吾未见其为完车也。轼乎,吾惧汝之不外饰也。天下之车莫不由辙,而言车之功者,辙不与焉。虽然,车仆马毙,而患亦不及辙。是辙者,善处乎祸福之间也。辙乎,吾知免矣!

为自打他出生,眼前就全是苏洵挑灯夜读的背影了。

书中自有黄金屋,让年幼的苏轼不由得心生向往。

为了打消爷爷的顾虑,也受父亲的影响,苏轼每天都认认真真地领着苏辙捧起书卷,提笔写文,但每当有人夸苏轼文章写得好时,他都会叉着腰为苏辙抱不平:"我弟弟的文采比我还好呢!只不过他性格比较低调,你们都不知道。"[1]

苏辙拽着苏轼的袖,眼泪汪汪:"呜呜呜,哥……"

看着兄弟俩逐渐显露出过人的文采天赋,爷爷的目光终于由担忧变为欣慰。

那时院中岁月长,府内常有笑声,苏家美满而和谐,有关大宋前途、朝政风云诸类的深奥词汇,似乎距离他还很远。

苏轼脑海里对大宋江山的印象,只有夏日小院里的满目青苔绿、秋时踏青捡拾的枫叶红。

苏轼第一次体会到生死无常,是在庆历七年,爷爷苏序撒手人间。

当时他正十岁,即将步入少年,父亲脸上罕见地少了笑意,低声告诉孩子们:

"以前我不学无术时,你们祖父曾指着我说,等他哪日撒手人间,看我要如何撑起这个家!我认识到读书重要的时候……已经迟了许多,希望你们不要走我的老路,以后好好成家立业,为大宋效力,当个堂堂正正的男儿。"

只有应试科举才能步入官场,只有当官才能为国效力。

苏轼看了一眼满面泪水的苏辙,再转过头,又看清爹眼中的沉着,第一次深深体会到"兄长"这个词的沉重。

苏序去世后,苏洵闭门守丧,将自己所有的知识都悉心教给两个儿子。

春去秋来,岁月拭去少年们脸庞上最后的稚嫩,琢出属于青年的俊秀眉眼,邻里的年轻女子远远听说苏家公子之名,便不自主悄悄红了脸。

....
[1]《答张文潜书》:子由之文实胜仆,而世俗不知,乃以为不如。其为人深不愿人知之,其文如其为人,故汪洋澹泊,有一唱三叹之声,而其秀杰之气,终不可没。

苏洵四处打听书院，决定将长子苏轼送到好友王方执教的中岩书院。王方是乡贡进士，才华出众，必定能教好自己的儿子。

在这里，苏轼遇见了自己的初恋：老师王方的女儿，王弗。

青山秀水，书声琅琅，随同窗在屋里读书时，他隐隐察觉木窗外有一道目光偷偷瞧过来，又在他疑惑回头的时候连忙躲起。

"子瞻，你知不知道？"同窗偷笑着凑过来，"老师家那个小女儿，早就拜读过你写的文章，总念叨着要见你。"

可真要见到本尊时，她反而不好意思起来了。

少女忙着闪身躲藏，却不知自己早已被一片裙角出卖。

看着那片裙角被一只纤细的手匆忙拽回，不知怎么，苏轼心里也恰似开了一朵花那样明朗，笑意已经无声攀上唇角。

何时能与她见一面呢？

真正相遇那天，来得比他们预料中都要早——

书院附近有个中岩寺，寺旁有碧绿的水池一弯，苏轼最喜欢拉着师长好友同去观景。吟诗至兴致高涨，见碧水里少些生机，他灵机一动，对同伴道："好水岂能无鱼呢？"遂击掌三声："鱼来！"

掌声惊得满池锦鱼纷纷游出，如花团锦簇，空游无所依。

同窗们纷纷惊呼："哇，又被他装到了！"

"老师，"苏轼笑吟吟对王方提议，"此番美景当有一个配得上它的名字，您说呢？"

王方向来喜欢这个才华横溢的弟子，当下便邀请各路文人来起名。

可惜过了大半天，众人起的名字不是落于俗套，便是高深难懂。

而苏轼深知压轴好戏的道理，他憋着笑慢悠悠地等了大半场，这才徐徐展开自己的题名。

唤鱼池。

既不高深，亦不俗套。

众人热烈鼓掌。

正当苏轼得意时，一个憋着笑意的小丫鬟也送了自家小姐的题名来，宣纸上款款落下的娟秀字迹，竟也是"唤鱼池"三字！

小丫鬟与众人一同惊讶出声："苏子瞻居然与王弗小姐同时题了一模一样的名字！这真是缘分啊……"

苏轼心中有种说不清的感觉，心中怦怦直跳，正愣愣瞧着那清秀的字迹，恍惚之间，忽然听见不远处传来一声轻轻的笑。

他回过身，看见明眸皓齿的少女不知何时已走近花丛，正盈盈地对着自己微笑。

有美一人，婉如清扬。邂逅相遇，与子偕臧。[1]

这段日子成了苏轼在书院里最美好的记忆，有王弗相伴，整个书院里都洋溢着快乐的恋爱气息。

就在二人对未来产生无尽的美好幻想，决定找双方父母谈婚论嫁的时候，却不料世事无常——

苏轼收到父亲悲痛提笔写下的信，里面俨然是一件噩耗：姐姐在十六岁时嫁给表兄程之才，父亲原以为是亲上加亲，却不料程之才并非良人。三年里，他每天虐待八娘，在其染病后不闻不问，八娘无奈回娘家，程家还强行夺走了她的孩子，竟使得八娘发作病逝！[2]

父亲与程家断绝了关系，并痛斥程之才是州里之大盗。

苏轼握信的手颤抖着，与姐姐玩耍的一幕幕涌上心头，全都化作悔恨的泪水流淌。姐姐才十八岁啊，怎么就活活殒身在这畜生手里呢？父亲当初为何要将姐姐嫁给她

---

[1] 出自《诗经·郑风·野有蔓草》。
[2] 苏洵《自尤》：盖壬辰之岁而丧幼女，始将以尤其夫家，而卒以自尤也。女幼而好学，慷慨有过人之节，为文亦往往有可喜。既适其母之兄程濬之子之才，年十有八而死。而濬本儒者，然内行有所不谨，而其妻子尤好为无法。吾女介乎其间，因为其家之所不悦。适会其病，其夫与其舅姑遂不之视而急弃之，使至于死。

不喜欢的人呢？

这件事直接影响了王家的态度，使得苏轼与王弗的婚姻过了半年才得以应允，而苏洵因为八娘的事在先，不忍再阻拦儿子的自由恋爱。

半年间，是王弗耐心地陪着苏轼慢慢走出丧姐的伤痛，也是苏轼的坚定不移，最终打动了王方。

大婚那年[1]，苏轼十八岁，王弗十六岁。

那天，苏轼喝醉了酒，跌跌撞撞地奔向新房，坐在新娘子身旁，心怦怦跳了许久，这才小心翼翼地瞧向自己的爱人——

长夜外星河鹊桥，新房内红烛融融，他静静地望入一双羞涩的眼眸，便胜过人间无数。

每每回忆起那时，苏轼的嘴角便忍不住微微上扬，想起洞房时玩起的灭烛游戏：传说左烛先灭，预兆着以后新郎先亡；右烛先灭，便是新娘先亡。

那时，眼看他手中的红烛即将熄灭，王弗连忙一口气先吹灭了自己手中的右烛，嗔怨着："怎么能让你先走呢？只有一个人留在世上多孤单，我也要跟你走，咱们同生共死！"

民间游戏而已，这傻姑娘居然当真，苏轼忍不住笑出声。

他笑着再抬眼，却分明看清妻子眼中那绵绵无尽的温柔。

当初洞房中的游戏，是否早已一语成谶？如果当年自己抢先让左烛先熄，是否便不至于让余生几十载都生死两茫茫？

苏轼不知道。

纵然多年后他早已两鬓斑白，可每当仰头望月时，他便会想起王弗当时望着自

----

1 苏轼《亡妻王氏墓志铭》：君讳弗，眉之青神人，乡贡进士方之女。生十有六年而归于轼，有子迈。君之未嫁，事父母；既嫁，事吾先君、先夫人，皆以谨肃闻。其始，未尝自言其知书也。见轼读书，则终日不去，亦不知其能通也。

己的明亮的眼睛。

继而他会想起新婚时自己所写的词：

寒玉细凝肤。清歌一曲倒金壶。冶叶倡条遍相识，净如。豆蔻花梢二月初。

年少即须臾。芳时偷得醉工夫。罗帐细垂银烛背，欢娱。豁得平生俊气无。[1]

当年明月正皎皎。

欢乐的青年时光匆匆过去，离开书院后，苏轼每日仍刻苦读书，他曾要王弗陪他一起读，可妻子却羞得满脸通红："我，我学识浅薄……"

后来，苏轼读书时有不慎忽略的地方，王弗忍不住出声提醒。

再后来，苏轼拿着其他书与王弗聊起，王弗全都能对答如流，却自谦只是"稍微了解"。

苏轼笑个不停："夫人真是爱说笑，莫非当年那'唤鱼池'是小丫鬟写的？"

说得王弗脸颊绯红。

从此，他挑灯夜读，身侧必有王弗相伴。在爱人的鼓励下，苏轼终于有了赶考的底气，决定和苏辙同去赶考，一展宏图。

嘉祐元年，苏洵带着兄弟俩一路顺着江水向东，前往京城。

这天地之大，不仅仅只有一隅小院而已。

追忆当年，大宋的少年们曾无忧无虑地肩并着肩躺在草地上，远望碧空，曾谈起那些路过的雁，它们究竟要飞往何处？

当成年后的苏轼再次仰望碧空，答案终于在他心中渐渐明了。

原来，那些大雁自南方来，要遥遥一路朝北归，它们呼唤着志同道合的伙伴，舒展翅尖，划过流云，尽情俯瞰下方这大宋版图、汴京盛景。

那绕堤烟柳与望不尽的画桥，那粉粉白白晕染了十里的荷花，还有那参差的台榭阁楼与十万人家……向北，再向北，那里的狼烟曾遮天蔽日，那里的红土曾流淌血河，辽人的兵戈曾与宋军交织碰撞，数年不休。

---

[1] 出自《南乡子·集句》。

入京后有什么样的峥嵘岁月正等着自己？

正值弱冠的青年还想象不到。

但他知道，自己作为苏子瞻的跌宕人生，正随着远方城门那渐渐清晰的轮廓，徐徐地拉开序幕。

星图碎片收集进度15%，
请扫描此处，查收苏轼－星海留音。

汴京

BIANJING

崭露头角
ZHANLU TOUJIAO

却遇万千波折

文/拂罗

汴京。

东南形胜，三吴都会，钱塘自古繁华。烟柳画桥，风帘翠幕，参差十万人家。云树绕堤沙，怒涛卷霜雪，天堑无涯。市列珠玑，户盈罗绮，竞豪奢。

重湖叠巘清嘉，有三秋桂子，十里荷花。羌管弄晴，菱歌泛夜，嬉嬉钓叟莲娃。千骑拥高牙，乘醉听箫鼓，吟赏烟霞。异日图将好景，归去凤池夸。

当柳永挥笔写下这首《望海潮》时，距离苏家兄弟出生还有足足三十多年。

作为后世新秀，苏轼早早就读过这位文坛前辈的许多作品，他最喜欢的柳永词，莫过于另一首传遍文学界的《八声甘州》。苏轼觉得，那首词中的字句"不减唐人高处"[1]，而此时此刻，他与父亲苏洵和弟弟苏辙一起，自家乡眉州日夜兼程，还没真正地领略过诗中的杭州美景，就先踏入了盛都汴京的城门。

勾栏画舫，酒旗飘扬，踮脚眺望，竟也望不见数万人家的尽头，只明晃晃地盛了满目好风光，这里的景致果真处处与眉州不同，甚至不逊于那时的杭州美景。走在汴京城的大道上，不时有大官权贵的马车徐徐驶过，引得苏轼与弟弟不时张望，又激动地对视一眼，读懂了彼此心中的感叹：

坐在那车里的可都是能朝见帝王的大人物啊！

苏轼感觉"朝堂"这个词从未距离自己如此近过，一步步走在盛景中，自己也仿佛变成了那些头戴官帽的大官，正昂首挺胸款款朝着上朝的大殿走去，只待将胸中才华悉数诉与皇上，一展宏图壮志。

"轼儿，辙儿，过会儿我们要去拜访欧阳学士，"父亲的话语打断了兄弟俩漫无边际的畅想，"张大人给了咱们父子这个拜访的机会，可谓千金难买，到时他见了你们，必定也要细细试探一番你们的才学，不要紧张，照常发挥就好。"

苏轼连忙扯回越飞越远的思绪，认真地和苏辙一起点头："知道了。"

欧阳学士，指的是在仁宗身边负责修撰史书的欧阳修，如今将以翰林学士的身份担任这次进士考试的主考官，他比苏洵大两岁，无论在朝廷还是文坛他都是无数人仰望的泰斗级大佬。

----

1 宋代文言轶事小说《侯鲭录》：东坡云："世言柳耆卿曲俗，非也。如《八声甘州》云：'渐霜风凄紧，关河冷落，残照当楼。'此语于诗句不减唐人高处。"

就像任何圈子都需有一位德高望重的长辈写推荐语，为自己大幅度引流，打开知名度，而在此时的宋朝文坛，每位萌新都渴望得到欧阳学士的一二评语，若是夸赞的正面评价，哪怕只有一两个字，都足以让萌新们一夜爆火。

苏轼很清楚父亲的想法，也对这次拜访感到兴奋不已：如果欧阳修能欣赏自己的才华，再收自己做个门生，以后提升文学方面的造诣怕是指日可待！

激动中的苏轼并没有忘记一位恩人伯乐的名字，张方平。

在赶赴京城之前，父亲便带着他们去拜访过那位张大人，并且由张方平当了这个引荐人，将苏家父子直接引荐给欧阳修。

欧阳修大佬的名字人人都知道，那张方平又是何许人呢？他比苏洵大两岁，与欧阳学士同辈。苏轼从长辈口中听过张方平的经历：与少年时仗着家境优越、过着游侠生活的老爹不同，张方平自幼家穷，连一本完整的书都买不起，只好向别人借书来读。因为要尽快归还给人家，所以久而久之便有了一目十行且过目不忘的本事，甚至都不需再读第二遍。

他曾找人家借来三史读，厚厚的几大本捧起来都觉得站不稳，张方平却仅在十多天后就前来归还了。

别人震惊："你不是在家读书吗？"

张方平淡淡回答："我已经全都读完了，内容也记住了。"

就这样，记忆力超常的神童张方平早早被圈内大佬惊呼"天下奇才"，在二十七岁的时候，他中茂材异等科，从知县开始做起，又中了贤良方正科，就这样一步步升官，直至能为朝廷出谋划策。[1]

"茂材异等科"与"贤良方正科"念着绕口，其实都是宋朝的制科项目。"茂材"即后来的秀才二字，"秀"指麦苗中的佼佼者，生长在麦子的最高处，所以用来比喻最优秀的人才，"异等"则指同辈中的杰出者，而"贤良方正"指的是德才兼备者——可见其学霸的程度。

---

[1]《宋史·张方平传》：少颖悟绝伦，家贫无书，从人假三史，旬日即归之，曰："吾已得其详矣。"凡书皆一阅不再读，宋绶、蔡齐以为天下奇才。举茂材异等，为校书郎、知昆山县。又中贤良方正，选迁著作佐郎、通判睦州。

初入政坛时，张方平也果真显出了与头衔对应的能力来。就在仁宗赵祯在位时，西夏的李元昊打算叛乱，于是递来一封言辞傲慢的信，企图引战。面对李元昊"你来打我呀"的挑衅，宋朝廷大怒"我这就去收拾收拾打死你"，朝中只有张方平提出："李元昊师出无名，追随者心不齐，若宋朝廷被激怒出兵，正好给他的叛乱找了合适的借口，所以我们应暂时忍让，待他们不攻自破，我们再乘胜追击。"[1]

当时张方平官职不高，其他官员都嘲笑他太软弱，遂出兵，结果惨遭大败，最后还是经张方平几次献策，这才渐渐平息了宋与西夏的战火。

张方平："唉！"

进展果然与他所预料的一模一样。

可见其政治远见。

苏轼知道，父亲曾经历过两次科考失败，此番带他们四处拜访，不仅是操心儿子们来年的考试，更是为了自己的仕途。

去年，就在苏轼和苏辙准备参加考科举时，张方平也正为朝廷四处奔走，寻访蜀中名士引荐给官府，对眉州的苏家三苏也是早有听闻。于是，在他们登门拜访的时候，张方平几乎是欣喜若狂地出门迎客，那场面堪比双向奔赴的偶像见面。

苏洵喜不自胜："终于见到张大人您了！久仰久仰，儿子们，快跟张叔叔问好！"

苏轼："张叔叔好！"

苏辙："张……张叔叔好。"

张方平也喜不自胜："久闻苏氏父子大名，今日终于得以一见，快！偶像快请进细谈！"

张方平与苏家父子一见如故，在一番促膝长谈之后，他对苏洵的文采给出了高

---

[1]《宋史·张方平传》：赵元昊且叛，为嫚书来，规得谴绝以激使其众。方平请："顺适其意，使未有以发，得岁月之顷，以其间选将厉士，坚城除器，为不可胜以待之。虽终于必叛，而兵出无名，吏士不直其上，难以决胜。小国用兵三年，而不见胜负，不折则破；我以全制其后，必胜之道也。"时天下全盛，皆谓其论出姑息，决计用兵。方平上《平戎十策》，以为："入寇当自延、渭，巢穴之守必虚。宜屯兵河东，卷甲而趋之，所谓攻其所必救，形格势禁之道也。"宰相吕夷简善其策而不果行。

度评价:"左丘明、司马迁善叙事,贾谊之明王道,君兼之矣"[1],意思就是"把这些历史上大文豪的优点集中起来就是苏洵大大的文采啊"!

对于苏洵的两个儿子,张方平又大加赞扬,不过他说的是:"二子皆天才,长者明敏尤可爱。然少者谨重,成就或过之。"[2]

这句话是站在政客的角度说的,苏轼性格机敏不羁,而苏辙性格则更稳重谨慎,所以张方平断定苏辙多年后的官职或许会比苏轼高。后来这句话也果然成了真,苏辙最高做到了宰相的位置。

不久后,热情的张方平就将苏家父子举荐给朝廷,但并未得到朝廷回复,老张想了想,出于爱才心切,又提笔给他在政治场上主张不同的老对头——欧阳修写了一封引荐信,让他们直接去拜访那位朝中同僚。

那时的苏轼并不懂这些,只是略感疑惑,好像懂了,又好像不太懂。

奇怪,他们不是老对头吗?

"放心吧!文人相惜,我和欧阳老头儿虽然政见不合,但爱才之心是共同的,他见了你们必定也会像我惜才!"张方平大笑。

苏轼心思通透,恍然大悟:"原来如此!惭愧,反而是我浅薄了。"

此时的苏轼还不知道,张方平在自己的人生中作为导师角色,将影响巨大,因为年轻时曾被这种文士风格所震撼,所以也进一步造就了后来那个同样洒脱的"苏东坡"。他仅仅对事不对人,虽然在朝堂上与同僚立场不合,退场后却仍能笑着欣赏对方的文学造诣。

后来他向爹细细打听了一番欧阳学士的经历,这才对这位长辈有了更多了解:

欧阳修字永叔,出生于绵州,他父亲是老来得子,病逝之时欧阳修年仅四岁,由母亲和叔叔抚养长大,生活格外拮据。据说他小时候用芦秆当笔在沙地上写字,才苦苦熬过求学的这段光阴。

令苏轼感到意外的是,这位文坛大佬的科举之路却并不顺利,竟有两次意外落榜,第三次才一跃在殿试中获得甲科十四名——根据当时的主考官晏殊回忆说:"永

---

1 节选自《文安先生墓表》。
2 出自《瑞桂堂暇录》。

叔当时没能得第一，主要是因为过于锋芒毕露，我们几位考官商量了很久，决定打磨一下他的锐气，让他更成才。"

欧阳修的仕途也同样并不顺利。

他初入政坛不久后，宋朝统治的一些弱点与问题开始渐渐显露出来，权贵过于奢靡，百姓过于贫弱，各地怨声载道。这让许多清醒的官员都担忧不已，于是以范仲淹为首的官员们开始呼吁改革，欧阳修自然也站队加入其中。

与范仲淹不同的是，欧阳修觉得朝廷最根本的问题不在于腐败，而在于"三冗"问题，即：冗官、冗兵、冗费，冗是"多余"的意思。这三冗又很快在仁宗时期造成了积贫积弱的后果，朝廷每年开销过大，而百姓每年生产力愈发降低。

三冗问题是如何堆积下来的呢？

这就要从宋太祖赵匡胤开始讲起了。当年赵匡胤通过陈桥兵变夺来了帝位，说到底也是名不正言不顺，唯恐江山还没坐稳，又有另一个家伙敢冒出来"黄袍加身"。于是，他为了加强中央集权，亲自用牵制法设计了一套烦琐的部门制度——简单来讲就是把一个部门能办完的事儿，分成了大大小小的多个部门共同处理，文件需层层辗转才能批复。

赵匡胤叉腰自豪："我真是个小天才，这样他们就忙着互相牵制，没空跟我玩儿黄袍加身了吧？"

但赵匡胤唯独漏下了极其致命的一点：把一人的工作分成十个人，十个人的部门扩大成百人，会造成什么问题呢？

没错，吃皇粮的人实在是太多了！

摸鱼偷懒的自然比比皆是，这就造成了"冗官"问题。而且宋朝为了拉拢人才，对官员的福利可是年年增长，哪怕你整日坐着不办事儿，也照样能把晋升机会、过节福利、年终奖拿个大满贯，像张方平那样傻乎乎办事儿的，反而有可能犯错被放逐。这样谁还愿意做实事儿啊？大家都躺平好了。

所以，朝廷每年的开销都层层增高，官员们的政绩却迟迟不见增长。

同时，由于宋朝时军队总体战斗力不强，面对虎视眈眈的"邻居"，统治者不得不多次向前线增兵，希望以量取胜，故而前线的士兵数量越来越多。不仅如此，宋朝为了解决地方矛盾和当地百姓的生计问题，经常会大量征兵，这就造成了"冗兵"的问题。

而这两个问题自然又引出了第三个致命问题——缺钱，即"冗费"。

或许老祖宗赵匡胤根本没想到这么多，毕竟在宋朝初期，这种烦琐的制度确实稳固了中央集权，但转眼连皇帝都坐了第四代，传到仁宗赵祯这儿，这些堆积下来的弊病如同一座摇摇晃晃的代码山，终于从底部"轰隆隆"地震响了大地，在民间回荡着许多怨声载道的回音。

这回音一层层由中原大地朝繁华的汴京扩散，自然也传到了那些真正操心国家的官员耳朵里，其中就包括范仲淹——一个因为主张革新得罪了旧党，一生中几经贬谪，胡子都早早地白了无数的倔老头儿。范仲淹的后辈、欧阳修的同辈中，有个叫梅尧臣的大臣曾于心不忍，劝老头儿放弃，不料倔老头儿回了一句"宁鸣而死，不默而生"，继续轰轰烈烈地搞革新去了。

作为与老头儿性格一拍即合的正直后辈，欧阳修自然也遭到了接连的贬谪打击。但欧阳修生性散漫乐观，被贬滁州时，他与众人踏青出游，醉中写下《醉翁亭记》，笑谈"醉翁之意不在酒，在乎山水之间也"；辗转颍州之际，他乘船春游，挥笔写下《浣溪沙·堤上游人逐画船》，感叹："堤上游人逐画船，拍堤春水四垂天。绿杨楼外出秋千。白发戴花君莫笑，六幺催拍盏频传。人生何处似尊前！"

白发簪花，这是属于千百年来历朝文人共同的浪漫，他们于苦中行乐，在浪中乘舟，将文字的浪漫书写到了极致。大宋文人大多仰慕唐朝先辈的洒脱快意，而欧阳修等人在文章诗词中表现出的积极乐观，也大大地影响了他的后辈苏轼。

就在苏氏父子访京三年前，欧阳修还险些又一次被诬陷贬谪。

欧阳修："哦，习惯了。"

他熟练地开始收拾行李，隔天上朝向皇帝辞行，不料仁宗赵祯后悔了，亲口挽留欧阳修："爱卿啊，你还是别走了，留下来当个翰林学士写《唐书》吧，成不？"

欧阳修就这样奇迹般地留了下来，平时与好友梅尧臣一起讨论诗词，带一带自己的得意门生曾巩等人。因为小时候受唐朝大文豪韩愈的"古文倡导"思想影响，如今，欧阳修不满足于华丽无内核的骈文，决定亲手改变文坛上靡靡的文风。

初出茅庐 —— 041

在欧阳修的引导下，诗文革新之风就这样在文坛刮了起来，影响了无数青年文人。不过此刻他还不知道，远在熙熙攘攘的民间，有一个名叫苏轼的小辈已经命中注定般地踏入了他所在的汴京，并且会在不久后用百年难遇的文采狠狠地惊艳他一次。

此时，苏轼与苏辙的才名尚未震动京城，让欧阳修一眼就留意到的，是苏洵这个早有耳闻的名字。

这是嘉祐元年的事。辞别张方平的苏洵带着两个儿子，一步步踏上了汴京城的大道，向欧阳修推荐自己和儿子们的文章，文章传开，几乎立刻风靡了汴京，同时也深深打动了欧阳修。

在苏轼的印象中，欧阳修是一位看似古板实则温厚乐观的长辈，他立刻与老爹成为了朋友，并准备向仁宗推荐苏洵参与《太常因革礼》的编纂。

苏轼打心底为老爹高兴，同时也带着弟弟抓紧读书备考，准备参加明年的科举考试——兄弟俩心里的底气大于忐忑，目标非常明确，是朝着"一甲"去的。

什么是一甲呢？

其实，宋朝科举可分为"常科"与"制科"。苏轼此时要考的常科，就类似后世一年一次的大范围高考，由国家统一安排。举子们每年秋天参加乡试，通过者再于冬末赶往京城，等待开春时参加礼部主持的国家级"高考"。

宋朝按照成绩高低总共分为五甲，从高往低排行，按照百年后宋孝宗的年代记载：一二甲为"进士及第"，第三四甲为"进士出身"，到第五甲就是"同进士出身"，每个参与考试的学子，自然都迫切地期望自己能高中进士，不辜负十年寒窗苦。但如果成绩一下来，你看到的是那明晃晃的"同进士出身"，想必心里只会又喜又遗憾。

排名越靠前工作机会就越多，"进士及第"自然是立刻被编入翰林院等地方，需要重点培养的人才；"进士出身"则采用遇缺先补的原则；而"同进士出身"则得到的工作机会要更少一些，毕竟这其实是朝廷为了不放过任何一个才子才设立的名头，将接近落榜的考生也归拢在了其中，意思是"差不多等同进士吧"。

话虽如此，若能中五甲中的前几名，自然也是十分高兴的。

考上进士之后，是不是应该贺喜他们前途一片光明了？唐朝采用的是"资格考试"制度，在考生中举后并不能立即当官，而是相当于只得到了进入门槛的资格，宋朝是不是也如此呢？

宋朝确实沿用了这种任用考试的制度，但取消了烦琐重复的考核过程，早在第三位皇帝真宗时期，科举考试就分为了三五甲等，只要及第就能得到官职。所以学子们都铆足了劲朝着靠前的排名努力。

如果你对自己的学历感到不满意，还可以参加选拔特殊人才的考试"制科"，时间和题目都不固定，由皇上亲自下诏，无论你是进士还是官员都可参加，为自己的学历镀金。例如张方平接连考中的"茂材异等科"与"贤良方正科"就是制科考试中的项目。

嘉祐二年，这天正是考试开始的日子，苏轼与苏辙天不亮就早早带着食盒来到了皇宫大门口，和他们一样既激动又忐忑的学子还有无数。

"哥，"天气还渗着丝丝凉意，苏辙搓着手哈气，紧张地瞅瞅苏轼，"你紧张吗？过会儿就要进考场了。"

大家都是半夜起床的，脸上还挂着倦意，苏轼跟着四周其他考生一起打哈欠，闻言笑着拍拍弟弟的肩膀，信心满满："怕什么！以你我二人的才华，还怕不能榜上有名？我早就跟阿弗说过了，让她和娘一起烧些好菜，到时等咱们的好消息。"

看见哥哥脸上一如既往的笑容，苏辙内心的石头竟奇妙地放下了，他松了口气，也朝哥哥笑起来："好。"

他好像又回到了小时候被哥哥领着跑跳的孩提时代，那时姐姐还在世，他们仨整日在爷爷无奈的笑容中闹得鸡飞狗跳。

哥从来不会骗他。

另一边，苏轼抬头仰望着巍峨的宫门，遥想自己或许不久后就要参加殿试面圣，不禁也暗暗多了几分紧张。他深吸一口气，闭上眼，眼中浮现的却是妻子陪伴自己挑灯夜读的场景，耳边仿佛响起了王弗掌灯时那殷切的一声声鼓励。

"看完这一行再睡，我给你端些醒神茶。"

"你不是说来日要入朝效力吗？不拿个好名次怎么行。"

……

考生们激动的喧哗声将苏轼从美好的回忆中唤醒，他再睁眼，原来开考的时辰

初出茅庐 —— 043

已到，是时候报答自己这十多年间的寒窗苦读了。

想罢，苏轼随着黑压压的人群，与弟弟笑着挥手暂别，昂首迈入了各自的斗室——彼时考生在考试未结束前是不允许迈出考场的，所有人都要在斗室内作答写文章，饿了就吃自己带的冷饭，而且全程由皇宫的侍卫严格看守。

在安静的斗室内，苏轼终于看见了今年策论的考题《刑赏忠厚之至论》，而"策论"这科主要是朝廷针对某些问题，向广大有识之士寻求对策的一种形式。他提笔思索半晌，文思如泉涌，遂欣然落笔成文章。

就这样，一篇惊艳了欧阳修与梅尧臣等考官的文章诞生了，因文风明快，又十分符合欧阳修此时推崇的古文风格，这篇文章在大家手中被争相传阅，他们啧啧称奇，断定此考生必定能一夺榜首。

当时欧阳修为主试官，梅尧臣为小试官，二人捏着卷子激动得胡子直翘，另一种忧虑同时浮上心头。

梅尧臣："这文风，这文采，只怕……"

欧阳修："我懂。这文采这文风，只怕……是我那爱徒曾巩写出来的吧？我这个当老师的总不能把自己的徒弟批成第一名啊，不行，得避避嫌才行，忍痛给他批个第二名吧！"[1]

于是，另一个让人哭笑不得的误会诞生了。本该得第一的苏轼就这样稀里糊涂变成了第二名，若换作其他考生难免愤愤不平，所幸此人是性格开朗乐观的苏轼，这才能乐呵呵地看得开，当作是欧阳学士对自己的一种变相肯定。

为什么会产生这种误会呢，难道考卷上没有苏轼的名字吗？

还真没有。

原来，当时为了防止徇私现象发生，所有的考卷在交到试官手里之前，要先由人重新抄写一遍，以免直接辨认出笔迹，而新的试卷上并不会写考生自己的名字，要另存在档案里，可谓十分严格了。

直到考卷拆封之后，欧阳修和梅尧臣这才看着上面"苏轼"的名字傻了眼——

---

[1]《宋史·苏轼传》：方时文碟裂诡异之弊胜，主司欧阳修思有以救之，得轼《刑赏忠厚论》，惊喜，欲擢冠多士，犹疑其客曾巩所为，但置第二，复以《春秋》对义居第一。

原来是苏家长子所写啊!

那年,苏轼与苏辙双双中进士,深受欧阳修、梅尧臣等文坛大佬推荐,直接将他们收为门生。当苏轼登门感谢两位老师的时候,却被他们俩偷偷拉到一旁,拿着卷子低声问:"子瞻啊,你这论文里写的'皋陶曰杀之三,尧曰宥之三'是出自哪本古籍啊,我和你梅叔怎么翻不到呢?"

原来在批阅卷子时,众考官围着这句典故挠头问了一圈,皆不知出自哪本古籍,欧阳修心想:世上竟有我没读过的古籍,岂不是要暴露此事?于是落笔一挥直接批了个录取的"取"。

苏轼一听,哈哈大笑:"老师,这典故是我自己编的,既然先人孔融可以自编典故,我为何不可也自编一次呢?"

欧阳修与梅尧臣对视一眼,心中了然,也不禁哈哈大笑:"好小子!你可谓擅读书,擅用书,他日文章必独步天下!"

后来,他在与梅尧臣的往来信件里还提到过:"读轼书,不觉汗出,快哉快哉!老夫当避路,放他出一头地也。"[1]

"老夫是时候给轼儿这样的后辈让路啦!"

考试差点一夺榜首,崭露头角名动京城,震撼诸多文坛泰斗……初入汴京的苏轼就这样迅速地在文坛成为了一颗冉冉升起的新星,从萌新直接飞跃成可望不可即的起点文男主。

此时在苏轼眼中的汴京是繁华的,是快乐的,这里有他最尊敬的老师们,也有无数争先与他结交同游的好友。他每次发表新作必定名动京城,璀璨的仕途即将开始,可谓文学梦与仕途梦达到了最得意的顶峰,"一朝看尽汴京花"。

此时的苏轼才刚刚二十岁。

人生还有什么不快乐的呢?

年轻的苏轼没有想到,在祖父与姐姐相继病逝后,第三次厄运来得如此之快,又或许极致的快乐总是悄悄伴随着极致的悲伤到来,人生无非便是如此平衡喜乐:

---

[1] 出自《与梅圣俞书》。

在仕途尚未开始时，他突然收到了王弗与弟媳的一封信，是母亲在家乡病逝的消息。

母亲辞世得太陡然，甚至都没有听到从汴京传来的好消息。

当悲痛的苏氏父子赶回家乡眉州时，看见昔日祖孙同乐融融的小院已清清冷冷，再不复昔日的欢乐，只剩下在家中低低哭泣的两位媳妇。

苏轼慢慢握紧了王弗纤细的手腕，望着小院旧景，不禁感到阵阵恍惚：原来，昔日在春光里那番温馨的好景致，竟再也不会归来了吗？岁月辗转何其仓促啊。

"哥……"身边传来弟弟苏辙压低的嗓音，如今他已行过弱冠之礼，不会再像儿时那样抱着哥哥痛哭流涕，但颤抖的声音还是出卖了这份巨大的悲痛，"娘不知道……我们已经考中进士的事，娘不知道……"

苏洵缓缓拍过兄弟二人的肩膀，他的须发一夜间又花白了许多，一字未发。

根据当时"丁忧"制度，无论官在朝中做到多大，哪怕位及丞相，也需即刻开始为至亲守孝，否则便视为不守孝道，不配当官。在悲痛中，青年苏轼与家中男丁们开始了守孝生活，所幸有妻子王弗、父亲与弟弟作伴，这份悲痛得以渐渐抚平。

这段时间，苏轼与最爱的家人们住在一起，在悲痛稍有缓解后，他时常出游踏青，拜访山中寺庙，潜心参悟佛学，悟得许多通透之理。这也为后来他写《前赤壁赋》"寄蜉蝣于天地，渺沧海之一粟。哀吾生之须臾，羡长江之无穷。挟飞仙以遨游，抱明月而长终"奠定了基础。

这样的日子一直到了嘉祐四年的十月，丧期已过，父子三人带着家眷再次遥遥从眉州前往汴京。与当年父亲领着两个懵懂青年四处拜会不同，这一次他们三人已然是蜚声文坛的文学大佬，一路乘舟畅游，自然十分畅快。

就在回京这年，王弗为苏轼生下了一个健康可爱的儿子，小夫妻抱着襁褓中的婴儿激动不已，给他起名苏迈。

转眼到了嘉祐六年，已经定居京城的苏轼和弟弟又一次参加了制科考试，这次，他依然以百年难得的好文采进入第三等。据说仁宗当时捧着兄弟俩的试卷，乐得颠颠就跑回去找皇后高呼："朕今日为子孙得两宰相矣！"[1]

为什么三等会让仁宗如此激动呢？因为其实一二等都是虚设，第三等才是真正

---

[1] 出自《宋史·苏轼列传》。

意义上的第一等，纵观宋朝历史，此前考进第三等的竟只有一人而已[1]，如今又添了苏子瞻的名字，这让百官和皇帝如何不欢呼？

但狂喜归狂喜，新入职的官员还是要从基层做起再还朝的，于是朝廷授予苏轼大理评事之称，任签书凤翔府判官，需要离京就职。当时苏辙也获得了同样的京外官职，但兄弟俩不禁犯起了难：日渐年迈的父亲还在京中当官，兄弟俩必须要有一人留在京内照顾父亲才行啊！

"哥，你去吧，好好锻炼一番再回来。"苏轼还记得苏辙当时坚定的目光，"我先留在京城里照顾爹，我们都没来得及见上娘最后一面，这样的悲剧……我不想再重演了。"

苏轼紧紧握住弟弟的双手，与他相顾无言。

这是苏家兄弟第一次真正分别，苏辙一直送哥嫂到京城几十里开外。

在送行的岔路口，直到月上凄柳，苏轼才依依不舍地松开弟弟的手，目送他转身上马，慢慢朝着回京的方向消失。许久之后，他这才朝着妻子宽慰一笑，招呼下人准备上路。

——子由，你我的仕途人生才刚刚开始，为什么我已经开始想念隐退后在一起养老的日子了呢？

之后兄弟二人常常往来信件，写诗词唱和，以抚慰新官上任带来的忐忑与迷茫。

苏轼写给苏辙的第一首诗是《辛丑十一月十九日既与子由别于郑州西门之外，马上赋诗一篇寄之》：

不饮胡为醉兀兀，此心已逐归鞍发。

归人犹自念庭闱，今我何以慰寂寞。

登高回首坡垄隔，但见乌帽出复没。

苦寒念尔衣裳薄，独骑瘦马踏残月。

路人行歌居人乐，童仆怪我苦凄恻。

亦知人生要有别，但恐岁月去飘忽。

寒灯相对记畴昔，夜雨何时听萧瑟？

---

1 《宋史·苏轼列传》：自宋初以来，制策入三等，惟吴育与轼而已。

君知此意不可忘，慎勿苦爱高官职。

"我分明不曾饮酒，为何会觉得头脑恍惚呢？就好像心思已经随着你渐渐远去的背影一同回家了那样。在这段孤独的归途，你尚可挂念家中等待你的父亲，可我如今走在异乡，用什么才能抚慰心中的寂寞呢？

站在高处眺望你返京的背影，却只能看见你的乌帽在月下时隐时现，我不由得开始担心你衣裳太薄，就这样独自骑着瘦马归去，在残月下该有多么寂寥啊。这一路上行人边走边高歌，快乐得很，只有我满面忧愁，连童仆都忍不住出声责怪。

可是有什么办法呢？子由，我知人生聚少别多，唯恐岁月流逝太快。今夜对着孤灯追忆往昔，你可会想起我们在驿中许下的誓言？何日才能在一起同听夜雨萧萧呢？愿你不要贪恋官场，忘记他日隐退后的生活啊。"

苏轼就这样离开繁华的汴京，前往凤翔府，开始了为期四年的初仕生涯。

此时正是嘉祐六年冬，苏轼打马走在漫漫无际的雪地里，千里江山一片白茫，顿感人生四处奔波，而留下的痕迹，恰似那四处乱飞的鸿鹄，偶然在雪地里留下零星的爪印。

他没来由地想起了母亲，在自己十岁那年，母亲曾拿着《后汉书》给他读起范滂的传记：范滂只活了三十三岁而已，一生清白刚正，最后因党争被通缉，为了不牵连其他人而主动自首，无悔赴死。

当时年幼的自己心思微动，仰头问母亲："娘，假如我以后也要做范滂那样的人，您会同意吗？"[1]

母亲当时是如何回答的呢？

苏轼朝着白茫茫的雪天抬起头，感受到有沁凉的飞白迎面拂来，上一次拥有这样的心境，还是在那次与母亲的谈话之后。

原来无忧无虑的少年时期结束得如此匆匆。

今朝远离父亲与兄弟前往异乡，明朝又该飞往何处呢？

一声鸿鹄的叫声震醒了苏轼渐渐飞远的思绪，他忽然想起了母亲当时的答案，

....
1 《宋史·苏轼列传》：程氏读东汉《范滂传》，慨然太息，轼请曰："轼若为滂，母许之否乎？"程氏曰："汝能为滂，吾顾不能为滂母邪？"

是了，想来如今这剔透的雪花，也像极了母亲生前坚定又通透的目光。

"若你能做范滂，难道我就不能做范滂的母亲吗？"

星图碎片收集进度30%，
请扫描此处，查收苏轼－星海留音。

江城子

MEI HUA SI CHU ZHAN ZHUAN

四处辗转

竟又痛失所爱

文/拂罗

凤翔府。

从这里差人出发，向汴京寄信给子由，纵然马不停蹄地赶路也要十天之久。

距离苏轼上任已经过了两年，转眼万物复苏，已然迎来一派欣欣向荣的好景色，遥远的距离没能消磨他给苏辙寄信的热情，初次当官的新鲜感，却正随着每日繁忙无聊的公务，以及来自老上司的刁难而逐渐淡去。

作为苏轼的妻子，王弗很快就习惯了丈夫每日的情绪变化，只要看见苏轼一脸不悦地甩袖回府，王弗便抱着儿子无奈地笑问："陈知府又哪里为难你啦？"

苏轼便如同一个受欺负的孩子，愤愤不平对着妻子诉心事："那个整日黑着脸的陈公弼！也不知我的文章哪里不入他法眼，连皇帝都赏识，唯独他不赏识？前几日我写的公事文章，那老头儿又随便涂抹修改，简直面目全非！"

苏轼年轻自傲，是被欧阳修都惊呼百年难遇的人才，如今却被上司老头儿随便修改文章词句，简直不可容忍！偏偏那老头儿还是自己的上司，违逆不得，这让苏轼感到格外憋屈。

这位每天把苏轼气个半死的陈公弼是哪路老神仙呢？

他就是如今凤翔府的知府陈希亮——苏轼去年被朝廷授予的大理评事属于一个荣誉职称，而凤翔府判官才是实实在在的职位，简单来讲就是陈希亮手下的秘书长，与陈希亮工作中的接触十分密切。

陈希亮其实也是眉州人，与苏轼实属老乡见老乡，更何况陈苏两家还是世交。

苏轼没想到的是，他这位老前辈自打嘉祐八年调来凤翔之后，用古板的性格给了当地所有年轻官员重重一锤：这个清瘦矮小的老大叔双眼炯炯有神，说话必掷地有声，平日里几乎不见笑意，谁若犯了错，便容易被他当面劈头盖脸地骂一顿。

就连当时其他官员宴会同游，若突然听见一声通报"报，打北边儿来……来了个陈知府！"众人必定吓得正襟危坐，姿态僵硬，笑不出声。

就是这样一位老头儿，当他遇见二十多岁的青年签判苏轼，一老一少，二人同样刚直不肯低头，自然是彼此针尖对麦芒，毫不相容，且关系还愈发恶化了——见这位名满文坛的苏子瞻如此轻狂，老头儿有意要削削他的架子：你不是恃才傲物被左右追捧吗？好，我就从这方面挫挫你的锐气。

当时府内吏役纷纷敬称苏轼为"苏贤良"，有一次不慎被陈希亮听到，老头儿立刻大怒："一个判官而已，有何称得上贤良不贤良的？"遂将那倒霉的吏役打了几板子。

此番自然是打在吏役的身上，辱在苏轼的脸上。[1]

吏役：您有事吗？

如果说苏轼对这口恶气姑且能忍，可老头儿还经常删改他的公文，这实在让年轻气盛的苏轼无法容忍了，遂提笔明目张胆地开始了自己的报复。

例如陈希亮官架子很大，每次与同僚们会面，都要让客人等候许久，他自己则迟迟不出现，苏轼便写诗嘲讽他：

谒入不得去，兀坐如枯株。岂惟主忘客，今我亦忘吾。同僚不解事，愠色见髯须。虽无性命忧，且复忍须臾。

后来随着二人彼此矛盾渐深，苏轼连中元节的府宴都不愿去应酬了，眼看老头儿居然上奏向朝廷数落自己的不是，苏轼也懒得计较，只哈哈一笑，叉腰表示："我才不在乎你克扣我多少工资呢。"

领导敬酒他不喝，领导夹菜他转桌。

后来有一次陈希亮盖了座亭子，请苏轼过来提笔作记，苏轼觉得修这玩意对百姓民生没什么益处，照常洋洋洒洒地写了一篇满含嘲讽的《凌虚台记》呈给老头儿。

大体都是怎么嘲讽的呢？

他写："物之废兴成毁，不可得而知也。昔者荒草野田，霜露之所蒙翳，狐虺之所窜伏。方是时，岂知有凌虚台耶？废兴成毁，相寻于无穷，则台之复为荒草野田，

---

1 《邵氏闻见后录》：陈希亮，字公弼，天资刚正人也。嘉祐中知凤翔府。东坡初擢制科，签书判官事，吏呼苏贤良。公弼怒曰："府判官何贤良也？"杖其吏不顾，或谒入不得见。

皆不可知也。"

"事物的兴衰可是无法预料到的,就像这里从前是一片荒草野地,哪知今天会建起一座凌虚台呢?兴衰交替无穷无尽,来日这高台会不会又变回荒地,着实是不能预料的啊。"

他写:"夫台犹不足恃以长久,而况于人事之得丧,忽往而忽来者欤!而或者欲以夸世而自足,则过矣。盖世有足恃者,而不在乎台之存亡也。"

"一座高台尚且不能长久,更何况人世的得失,本来就来去匆匆岂不是更难?如果有人想依凭这凌虚台来夸耀于世,自我满足,那就更是大错特错了。这世间确实有足以依凭的东西,但与这高台是绝无半分关系的。"

这已经不是转桌了,这基本就是领导乔迁你拆台,领导这边要结婚,你大胆抒发爱情如世事般无常的程度。

众人默默缩了缩脖子:……

谁料老头儿接过这篇洋洋洒洒的文章,居然若有所思,遂心平气和地命人将这篇《凌虚台记》刻在旁边的石碑上。

苏轼:?!

与老头儿斗智斗勇的日子,竟然就这样维持了四年。

多年后,苏轼偶尔会回想自己的青年时代,也会想到记忆里这个寡言清瘦的倔老头儿。

当时年轻气盛的他还不能理解陈希亮的用心,直到岁月弹指一挥间,他自己也到了老头儿当初的年纪,才对当年自己的轻狂颇多感慨。

老头儿性格上的古板姑且不提,纵观陈希亮当官这三十多年,着实做到了"清廉刚正"四字,平生无畏权贵,一心为民。

在陈希亮刚上任不久,当地有个强占百姓土地的恶僧,因受章献皇后家重用,又与权贵来往,百姓敢怒不敢言,唯独年纪轻轻的陈希亮毫不犹豫地定了他的罪,让众人惊惧。

后来陈希亮调任鄠县，得知当地有巫师每年掠夺百姓的钱财，举办所谓"春斋"来避免火灾，否则就会有三个红衣老人来纵火。

面对此等迷信，陈希亮立刻下令禁止了相关活动，又捣毁了相关祠堂，命令那些骗钱的巫师回归农民身份，好好种地。[1]

当地百姓对陈希亮感恩戴德，等到他离开当地，父老们流泪挽留："您要是走了，只怕红衣老人又会出来了！"

类似的事还有诸多，又例如当时有一个叫沈元吉的外戚，此人仗着自己的身份偷盗杀人，无人敢审此案，只有陈希亮面不改色将其治罪。后来皇上下令弹劾这些治罪的官员，陈希亮主动站出来道"杀沈元吉的唯我一人而已"，遂独自揽罪罢官。

后来在别人的举荐下，陈希亮再次被启用。

多年以后，迈入中年的苏轼终于真正理解了陈希亮，也终于回想起当初老头儿在凌虚台旁平静说过的那番话："吾视苏明允，犹子也；某（苏轼），犹孙子也。平日故不以辞色假之者，以其年少暴得大名，惧夫满而不胜也，乃不吾乐邪！"

"我视苏洵如同自己的儿子，视苏轼如同自己的孙子。平时对他如此严厉，只怕这孩子因年少成名而自傲，不打磨打磨心性，日后会吃大亏啊！"

当苏轼真正懂他的时候，此时的陈希亮已经辞别了人世间，这让苏轼后悔不已。

数年后他给老头儿作《陈公弼传》，曾这样写过："轼官于凤翔，实从公二年。方是时，年少气盛，愚不更事，屡与公争议，形于言色，已而悔之。"

后来，苏轼与老头儿的儿子陈季常成为了至交好友，河东狮吼这个梗，就出自他调侃陈季常怕老婆的一首诗，"忽闻河东狮子吼，拄杖落手心茫然"。

....
1 苏轼《陈公弼传》：浮屠有海印国师者，交通权贵人，肆为奸利，人莫敢正视。公捕置诸法，一县大耸。去为雩都。老吏曾腆侮法粥狱，以公少年易之。公视事之日，首得其重罪，腆扣头出血，愿自新。公戒而舍之。巫觋岁敛民财祭鬼，谓之春斋，否则有火灾。公禁之，民不敢犯，火亦不作。毁淫祠数百区，勒巫为农者七十余家。

斗智斗勇的日子结束，嘉祐十年，考察期满，苏轼自然也带着亲眷回到了京城。而长兄回城，苏辙也终于可以去外面当官了，兄弟二人依旧是聚少散多。

其实早在嘉祐八年的时候，仁宗驾崩，仁宗的养子赵曙登基，称宋英宗。

这位年轻的皇帝其实是苏轼的小迷弟，早在他还没继位之前就十分仰慕苏轼的大名。

等到继位以后，赵曙急不可待地想要召苏轼入翰林院，授以重要职务。

赵曙："我要见到我的偶像！立刻马上！"

宰相韩琦冷静地站出来阻拦："陛下，以苏轼的才华日后必定会被您重用，咱们不急于一时，倘若您现在突然重用起苏轼来，恐怕天下士大夫会怀疑他的能力，这反而对他的成长不利啊。"

赵曙想了想，觉得有理，只好压下这熊熊燃烧的迷弟之魂，安排苏轼在史馆就职。

这位宋英宗在历史舞台上出场的时间并不久，仅仅在位四年后，三十五岁的赵曙便病逝于福宁殿。

在他之后的第六位皇帝则是赵曙的儿子赵顼，称宋神宗。

与他的迷弟父皇不同，神宗对苏轼的态度可谓是爱恨交加，爱到深处自然黑，不过这些都是之后的事儿了。

治平二年，回京后的苏轼并没有半分喜悦之情，因为有两个噩耗接连而至，让他愈发怀疑这世间的本质是否顺应了"祸福相依"这个词。就在这年五月，与他携手共度十一年的妻子王弗的病愈发严重了。

苏轼在病榻前紧紧握着妻子枯瘦的手，听着她一声声咳嗽，眼前重现的全是少年时那花前月下的一幕幕。

在这举案齐眉的十一年里，他挑灯夜读，她便掌灯相伴，后来他名满汴京，访客众多，心思敏锐的王弗便替她这大大咧咧的丈夫把关。

苏轼还记得，有一次家中来客人，王弗躲在屏风后静静听着他二人的对话，送

初出茅庐 —— 055

走客人后,她语重心长地教育他:"我看这人说话闪烁其词,绝不可深交,以免你被他利用,知不知道?"[1]

"知道知道,"当时他笑吟吟地搂住妻子,温柔耳语,"有你这个贤内助在身边,我还怕什么呢?"

常常把她羞得脸颊绯红。

遥想王弗嫁给自己时才十六岁,眨眼间竟已过了整整十一年,可她如今也才不过二十七岁而已啊,依旧是美人如花的年纪,为何命运要如此残酷呢?

"怎么能让你先走呢?只有一个人留在世上多孤单,我也要跟你走,咱们同生共死!"

耳边又响起新婚之夜少女那嗔怒的语调。

"阿弗,若从此没了你,我该怎么办呢……"苏轼从长久的回忆中回过神,握紧妻子的手,喃喃低泣,"你当真要如此决绝,要先一步离我而去吗?"

治平二年,二十七岁的王弗撒手人寰[2]。

苏轼已不太记得这段时日自己是如何熬过来的,当他再回首追忆这段时光,王弗竟已离开他整整十年了,哀痛之际,他便提笔写下那首《江城子·乙卯正月二十日夜记梦》:

十年生死两茫茫。不思量,自难忘。千里孤坟,无处话凄凉。纵使相逢应不识,尘满面,鬓如霜。

夜来幽梦忽还乡。小轩窗,正梳妆。相顾无言,惟有泪千行。料得年年肠断处,明月夜,短松冈。

----

1 《亡妻王氏墓志铭》:轼与客言于外,君立屏间听之,退必反覆其言,曰:"某人也,言辄持两端,惟子意之所向,子何用与是人言。"有来求与轼亲厚甚者,君曰:"恐不能久,其与人锐,其去人必速。"已而果然。

2 《亡妻王氏墓志铭》:治平二年五月丁亥,赵郡苏轼之妻王氏卒于京师。六月甲午,殡于京城之西。其明年六月壬午,葬于眉之东北彭山县安镇乡可龙里,先君、先夫人墓之西北八步。

而仅过一年,《太常因革礼》刚刚编撰完稿,苏洵便去世了,享年五十七岁,墓志铭由好友欧阳修所写,而苏轼只能默默地领着弟弟苏辙扶柩还乡,开始了为期三年的守孝生活。

六岁的儿子苏迈先后失去了生母和祖父,牵着他父亲的衣角默默流泪。

这孩子幼年失恃,以后该怎么办呢?

好在不久后,第二位被苏迈视为母亲的女人出现了,她叫王闰之,是王弗的堂妹,比苏轼整整小了十一岁。

在王弗病故不到一年后,王闰之便嫁给了苏轼。

因为只有这样,王弗留下的幼子苏迈才会真正得到悉心的照料,不至于沉浸在丧母之痛中。年轻的王闰之早已被眼前这个男子对堂姐的情深意切所打动,对苏轼的文采更是十分仰慕。

王闰之的性格温柔宽厚,嫁与苏轼后,她视姐姐留下的孩子如己出,好好地将他抚养长大了。

可惜苏轼先因反对王安石变法遭到牵连,后因"乌台诗案"遭遇劫难,夫妻俩多次颠沛流离,使得王闰之积劳成疾,在四十五岁那年离开了苏轼。[1]

接连经历感情上的失去后,晚年不离不弃陪伴苏轼的,只有一个叫王朝云的小歌女。

她是苏轼与王闰之收下的小侍女,刚来时连字都不识几个,后来经夫妻俩悉心教导,王朝云很快就学会了吟诗作赋。

长大之后,她在精神方面与晚年的苏轼高度相似,成为了苏轼身边的红颜知己。

二人常常在一起谈论诗词歌赋,以及夫人尚在世时的往事。传说王朝云常常为苏轼唱《蝶恋花》解闷,每次唱到伤情便哭出声来,惹得苏轼笑她:"我这边正悲秋,

---

[1]《祭亡妻同安郡君文》:嗣为兄弟,莫如君贤。妇职既修,母仪甚孰。三子如一,爱出于天,从我南行,菽水欣然。

你那边怎么又开始伤春了?"

在她三十四岁那年,王朝云染病永远地离开了苏轼[1],从此以后,苏轼"终生不复听此词"。

若说王弗是苏轼毕生无法忘怀的初恋,为他懵懂的青少年时期增添了一抹明媚的亮色,那么王闰之便是陪伴苏轼度过了中年相濡以沫的温暖时光。

在王闰之也撒手人间后,王朝云的成长填补了苏轼晚年内心的寂寞,作为知己,她在艺术方面的感知与苏轼常常不谋而合。

当第三段感情也随着残酷的岁月结束时,苏轼已年近六十,白发苍苍,而这些经历都是现在三十岁的苏轼所不能想象的。

此时此刻的他,刚刚沉浸在失去爱妻王弗的哀恸中,并不知晓以后会邂逅什么样的人,发生什么样的事。

经过三年的守孝,苏轼与苏辙回归朝廷。

在这一年,一位新上任的宰相大刀阔斧地开始了那场著名的变法,他试图针对"三冗"问题提出与范仲淹等人主张的不一样的解决方案,立刻就遭到了当时"保守派"的反对——例如苏轼的恩师欧阳修,他与新任宰相政见不合,最终远离汴京;又如苏轼视作父亲一样的张方平,也因强烈反对变法主动请辞了。

这位宰相名叫王安石,是欧阳修的后辈,也是苏家兄弟科举时的考官之一,他与苏轼彼此欣赏对方的才华,却在政治场上各执己见。

苏轼也终于明白了当年张方平与欧阳修的"文人相惜,政客相争"的矛盾关系。

此时的苏轼已经积累了许多政治经验,也经历过与至亲的接连离别,他已经不再是那个年少轻狂的苏子瞻。

熙宁二年,当苏轼再次一步步走进大殿,面对物是人非的朝廷,他决定追随恩师欧阳修的步伐,对这场声势浩大的"王安石变法"提出质疑。

----

[1]《苏文忠公朝云墓志铭》:东坡先生侍妾曰朝云,字子霞,姓王氏,钱塘人。敏而好义,侍先生二十有三年,忠敬若一。绍圣三年七月壬辰卒于惠州,年仅三十四。

当三十二岁的苏轼再回朝时,他眼中看到的已不再是师友云集的繁华汴京,而是一个风云暗涌的神宗朝廷。

　　这大宋,恰是山雨欲来风满楼。

星图碎片收集进度50%,请扫描此处,
查收苏轼-星海留音。

眉州 MEIZHOU

重整頎鼓

可叹佳期难得

眉州

CHONGZHENGQIGU

文/拂罗

熙宁四年，汴京正如火如荼地展开新施行的变法之政。

当年过三十的苏家兄弟回朝，他们看到的将不再是昔日熟悉的朝堂、熟悉的皇帝与熟悉的面孔。

就在他们守孝期间，皇帝换成了神宗赵顼，这位新帝自打还是太子的时候，就对本朝"积贫积弱"的问题十分忧虑。登基后，神宗觉得终于到了大显身手的时候，于是风风火火地召王安石回京，二人一拍即合，立刻先后颁布了许多新法。

不过有句话是"幻想总是美好的，现实却是骨感的"，新事物的变动必定伴随着旧事物的阻碍，在朝堂之上，但凡提到"变法"二字，必定又会牵扯到新旧两党，故而他们常在大殿内外展开激烈的辩论赛。

这次反对王安石变法的大臣都是什么阵容呢？恰恰是和王安石同样倔强的另一批人：欧阳修、张方平、司马光……再加上刚守孝归来的苏轼，也坚定地和自己的师友站在了一起，组成了守旧派势力，与王安石互怼到底。

这位王宰相究竟是什么人呢？其实苏轼早就从父亲口中听说过：一个不折不扣"囚首丧面"[1]的怪人。意思就是他平时头也不梳如同囚犯，脸也不洗好似居丧——苏洵生前因为政见不合遂与王安石交恶，所以文章用词可谓十分狠辣了。可偏偏王安石……还真就是这么个囚首丧面的人。

王安石字介甫，比苏轼年长十六岁，生在一户官家，深受他父亲的影响，注定就是个从政为国家做大事的苗子。传说他年幼时就能做到过目不忘，手不释卷，写文章像喝水那样简单，后来随父亲四处宦游，一路见了不少民间疾苦，深深意识到百姓生活不易，下定决心要做个为国为民的好官。

在仁宗执政的时候，王安石也曾跟着自己的父亲入汴京，不仅与另一位文人曾巩结成好友，还在曾巩的推荐下受到了欧阳修的赞赏。[2]欧阳修在文采上给予了充分的肯定，写诗夸他"翰林风月三千首，吏部文章二百年。老去自怜心尚在，后来谁

---

1 苏洵《辨奸论》：今有人，口诵孔、老之言，……，今也不然，衣臣虏之衣，食犬彘之食，囚首丧面而谈诗书，此岂其情也哉？
2 《宋史》：安石少好读书，一过目终身不忘。其属文动笔如飞，初若不经意，既成，见者皆服其精妙……友生曾巩携以示欧阳修，修为之延誉。

与子争先"。

与年少轻狂的苏轼不同，王安石是个倔强执着的青年，在文坛扩大的名声并没有冲昏青年的头脑，因为他始终记得自己的梦想——

他要做个一心为民的好官，不惜任何代价。

后面六个字是重点。

几年后，王安石果然高中进士，并且完美度过了在京外的新人考察期，按说他应该趁着大好机会赶紧回京，但王安石放眼回望着京外满目苦楚的百姓们，摇摇头，做出了一个让同辈都不理解的决定——他跑到鄞县当了四年的知县。

同僚：？

王安石才不管那么多苦劝他的声音，在鄞县期间，他身在基层兢兢业业地搞政绩，将鄞县治理得十分繁荣。

后来同样的事儿又上演了无数次，就连当时的宰相文彦博都亲自向仁宗举荐他，要提拔他，但被王安石找理由拒绝了。

王安石坚定摇头：不了，我不想挑起越级提拔之风。

同僚：？

欧阳修：介甫啊，我举荐你当谏官怎么样？你一直在基层工作也太屈才啦。

王安石坚定摇头：祖母年事已高，我要赡养老人家才行。

同僚：王安石那小子怕不是有啥大病？

正所谓越厉害的技能读条时间越长，王安石就充分给同僚展示了什么叫"一声不吭憋了个大招"。他默默在基层民间积攒经验，足足熬到三十七岁，突然呈了篇万字的《上仁宗皇帝言事书》递到京城——王安石充分总结了自己多年来在基层工作的所见所闻，并指出了宋朝此时积贫积弱的问题，并且恳请仁宗采纳自己的设想：对大宋建国以来的制度来一次彻彻底底的改革。

这篇文章在朝堂圈子里流传开，立刻引起了众多同僚的惊呼和议论。

王安石：要搓就搓个大招。

当时的皇帝宋仁宗看过文章，表示十分感动，然后拒绝了他。

王安石：……

这件事终于改变了王安石一直以来的想法，在基层终究还是没有话语权，他左思右想，终于接受了回京就职的机会。但不久后，他就因为性格过于倔强正直得罪了不少人，当时正赶上母亲病逝，王安石干脆借着守孝的机会，多年闲居不再入仕。

王安石：还不到我出山的时候，勿cue（提到）我。

转眼又是几年过去，仁宗驾崩了，苏轼的小迷弟英宗也病逝了，王安石的小迷弟神宗登基了。这位迷弟登基后的第一件事就是火速请偶像大大回来，王安石见机会来了，这才决定回朝继续搞自己的变法大业。

与仁宗不同，这次君臣二人可谓一拍即合，几年后就搞起了变法。

老王再回来的时候，无数士大夫争相拜访，纷纷将其称为新鲜事儿："听说了吗？一直拒绝上班的王安石终于回来了！"

苏轼当时正和苏辙在眉州守孝呢，并未亲自看到同僚口中的盛景，只是听那些前去拜会的同僚纳闷吐槽过："这王大人咋头不梳脸不洗的啊？"

苏轼默默点头："确实。"

自己那个毒舌老爹还在世的时候，早就在文章里描写过老王这神奇的生活作风，说他"囚首丧面而谈诗书"，而文章名叫《辨奸论》，可见老爹对此人的厌恶了。

老王的生活作风就和他早年的政治风格一样怪且倔强，他平日丝毫不注意仪容仪表，基本就是以"衣服也不换，头发胡子也不梳，甚至连脸都懒得洗"的神奇状态示人。

多年前，王安石曾于韩琦府当幕僚，经常读书熬通宵，白天上班的时候连洗漱都来不及，韩琦哪知道其中内情，他误以为王安石每晚都不务正业，痛心劝他："介甫啊，做人不可以这样，要好好读书才行。"

王安石听罢也不辩解，只是平静地说了句"韩公非知我者"[1]，后来韩琦才发现，这人十分有才华只是……不太喜欢洗澡而已。

除了不洗澡之外，王安石还不乐意换衣服，据说他那件长袍已经许久未换了。

----

1 邵伯温《邵氏闻见后录》：韩魏公自枢密副使以资政殿学士知扬州，王荆公初及第为佥判，每读书至达旦，略假寐，日已高，急上府，多不及盥漱。魏公见荆公少年，疑夜饮放逸。一日从容谓荆公曰："君少年，无废书，不可自弃。"荆公不答，退而言曰："韩公非知我者。"

有一次朋友们约他去澡堂一起沐浴，然后偷偷把王安石留在外面的旧长袍换成了新的，以此测试他是否察觉衣服被换掉之事。

在众多朋友的注视下，王安石面色不改地走出来了，又面色不改地把新衣服换上了。

朋友："介甫啊，你就没有发现哪里变了吗？"

王安石："哪里？"

众朋友："算了，总之……你可算是换衣裳了。"

还有一次，朋友们新奇地告诉王安石的老婆，说他们发现老王原来喜欢吃鹿肉丝啊！因为当时和他一起吃饭，他们看见王安石只夹面前的鹿肉丝下饭来着。

王夫人十分淡定："哦，下次你们把放在他面前的鹿肉丝换成别的菜试试。"

朋友们不信邪，第二天果真偷偷调换了一下，然后诧异地发现：王安石一直吃离他最近的那道菜，直到吃光，都分毫没动远处的鹿肉丝半口！

以性格倔直且怪出名的王安石，在感情方面也同样正直。夫人曾为他纳了个姑娘当小妾，姑娘前去拜见老爷的时候，自述是家里欠债，被迫与丈夫分离卖身进来的，王安石二话不说，直接差人送些银两为她还债，夫妻俩从此团圆。[1]

其实苏轼也不是不能理解老王这个人，抛去政治场上的不合，二人毕竟同为文坛大佬，可以说，王宰相是个纯粹到极致的理想主义者，这份热烈的理想和愿望足以让他忽略现实中的一切琐事。但话虽如此……每一个看见老王本尊的迷弟还是大为震惊，甚至不相信这是能写出《元日》这般清新诗句的人。

爆竹声中一岁除，春风送暖入屠苏。

千门万户曈曈日，总把新桃换旧符。

这首诗恰好是写于他主张变法时期，以旧换新，可见王安石心中对于这次变法的美好愿望。虽然苏轼对新法向来不支持，但也慷慨地承认过，这位老前辈的文采

....
[1] 邵伯温《邵氏闻见后录》：王荆公知制诰，吴夫人为买一妾，荆公见之，曰："何物也？"女子曰："夫人令执事左右。"安石曰："汝谁氏？"曰："妾之夫为军大将，督运粮而失舟，家资尽没犹不足，又卖妾以偿。"公愀然曰："夫人用钱几何得汝？"曰："九十万。"公呼其夫，令为夫妇如初，尽以钱赐之。

确实值得欣赏，值得交个文友。

毕竟政见是政见，文采是文采，两码事嘛！

至于著名的"王安石变法"大概是个什么意思呢？

随着宋朝积贫积弱的现象愈发明显，各地也接连出现了大小规模的起事，农民起事的基本原因是什么呢？吃不饱穿不暖，生活不好所以要愤而揭竿，王安石多年来就是目睹了民间这样的现象，所以他围绕"整军""理财"制定了全新的方案，誓要全方位富国强兵：

他针对冗兵问题颁布了保甲法、将兵法等制度，进行大幅裁军；针对冗员问题，改革了目前的科举制度；针对冗费问题，又颁布了青苗法、农田水利法、交易法……所有的这些便组成了新法。[1]

这些新法看似理想而且完整，最重要的是能充实国库，让神宗十分满意，但几乎是立刻遭到了保守派的抨击和质疑。他们的担忧不无道理：王安石是个很纯粹的理想主义者，他的变法单拎出来是说得通的，但不符合当时宋朝整体落后的社会环境。

例如一般人都比较熟悉的"青苗法"：农民因为买不起幼苗，每天只能朝富户借贷，到时种完再还款。王安石的新法则将放贷的对象变成了朝廷，由官府借你钱买麦苗，免得你去苦苦借高利贷。

听起来不错，但执行起来立刻发现了严重的问题：

首先这条新法已经惹恼了无数富户地主，其次宋朝时官员的不作为等现象严重，在"摊配"要求下，他们为了达到朝廷指定的业绩额，每年都要强行让农民贷款——放贷的时候可能是直接给你青苗和种子，还贷的时候却是连本带利让你归还现金。什么？你说还不起？抱歉，你房没了。

贫民：你看我像有钱还贷的样子吗？

如果贫民实在还不起，下层官员们甚至强行给地主富人放贷，然后连着利息收回来，所以这笔账横竖都是朝廷赚。

---

[1]《宋史》：于是设制置三司条例司，令判知枢密院事陈升之同领之。安石令其党吕惠卿预其事。而农田水利、青苗、均输、保甲、免役、市易、保马、方田诸役相继并兴，号为新法，遣提举官四十余辈，颁行天下。

富人：你看我像需要贷款的样子吗？

更何况宋朝官员的腐败现象也极其严重，这一放一收免不了层层敛财，所以当新政策下放到百姓眼前的时候，已经是个很可怕的数字了。当时民间甚至出现了钱荒现象，天下对王安石的新法怨声载道。

所以，王安石是把百姓和保守派两边全都得罪了一个遍，而神宗又开始左右摇摆，时而支持王安石，时而向保守派服软，惹得王安石仰天长叹："治大国若烹小鲜，燃一把火，紧接着却又泼一勺冷水，哪还能有烧开的时候？"

十六年后，随着神宗驾崩，这场著名的王安石变法也随之瓦解。

这场风雨不仅将王安石自己牵涉其中，他被两次罢相后郁郁而终，为自己炽热的理想当了殉道人，还因为他强硬的作风，牵连了一大批当时的大臣，例如苏家兄弟。早在熙宁二年，苏辙就因为反对青苗法，被贬出京城去陈州当官了。

而此时汴京城上空明月皎皎，最适合泛舟饮酒，苏轼仰头望着明月，不禁遥想：子由此时有没有吃饭呢？

苏辙的性子远比他内敛，不似他这般疾恶如仇，就算人在京外，想必也不会似他这般大起大落。苏轼早已察觉朝廷风向不妙，若自己再继续直言抨击变法，想必也会遭到弹劾，但天生的心直口快让他实在无法沉默下去。

陈州距离汴京七八十里，偶尔，苏轼会借视察的理由去寻弟弟一同饮酒团聚，而他们还能见到恩师张方平——这位德高望重的老臣此时已经退休，经常与兄弟俩一起喝酒唱和。

有时候，苏辙会苦劝哥哥谨言慎行明哲保身，苏轼则醉酒后狂意上涌，对月高歌一诉胸中不平，而张方平只是无奈地笑，继续喝酒。

熙宁四年，心直口快的苏轼果然因为上书指出新法的弊端，彻底惹怒了王安石。

此时的苏轼已不再是陈希亮手下的愣头青，纵然他生性再放浪不羁，也能感受到留在朝廷实属危险，于是麻溜地申请出京，做了个杭州通判。

苏轼："此处不留爷自有留爷处，拜拜了老王！"

再说欧阳修，自从他反对变法而被贬谪后，已经退休在颍州整整一年了，苏轼在调职半路还约了弟弟一同去探望这位昔日的伯乐恩师，与他同游颍州，喝酒泛舟，二十多天后与白发苍苍的欧阳修依依惜别，相约改日再来。

可有些人竟已是最后一面，仅仅一年后，六十六岁的欧阳修就病逝了。

苏轼听闻噩耗，悲痛不已，提笔为恩师写下一首《西江月·平山堂》：

三过平山堂下，半生弹指声中。十年不见老仙翁。壁上龙蛇飞动。

欲吊文章太守，仍歌杨柳春风。休言万事转头空。未转头时皆梦。

虽然已经看过许多场生死离别，在悲伤之中，他还是不禁回想起了许多人、许多事。依稀记得二十一岁那年，父亲领着自己和十九岁的弟弟一同去拜访欧阳学士……往事历历在目，如今却已物是人非，着实令人心伤。

所幸还有王闰之陪伴自己，颠沛着，相濡以沫着。

杭州自是好风光，后世宋人云"山外青山楼外楼"，尤其是西湖接天莲叶的盛景，让心情暂时陷入郁闷的苏轼惊艳了一把——苏轼是个活得纯粹的人，一旦找到乐子，那就是最纯粹的快乐。他格外喜爱杭州的山水，在这儿一待就是三年，还跟王闰之收了个小侍女，起名为王朝云，当时她年方十二岁，极擅长歌舞。

苏轼欣赏着王朝云的舞蹈，感觉她简直就是西湖的化身，挥笔写下《饮湖上初晴后雨》：

水光潋滟晴方好，山色空蒙雨亦奇。

欲把西湖比西子，淡妆浓抹总相宜。

而视察杭州属地新城，走在明媚的春光里，苏轼路遇春耕，心情欣喜，写下《新城道中二首》：

东风知我欲山行，吹断檐间积雨声。

岭上晴云披絮帽，树头初日挂铜钲。

野桃含笑竹篱短，溪柳自摇沙水清。

西崦人家应最乐，煮芹烧笋饷春耕。

身世悠悠我此行，溪边委辔听溪声。

散材畏见搜林斧，疲马思闻卷旆钲。

初出茅庐 —— 067

细雨足时茶户喜，乱山深处长官清。

人间歧路知多少，试向桑田问耦耕。

苦难往往塑造出优秀的文学家，这段时间，苏轼常常会望着西湖风光追忆往昔，遥想汴京朝堂中此时的局势，心中的喜愁与笔下的文采激烈碰撞在一起，恰恰使他挥笔写下了诸多时忧时喜的诗词——这种带着苦难味道的文人浪漫，数年后在黄州更是发挥到了淋漓尽致。

熙宁七年，苏轼任职期满，请求调往密州担任知州。

密州远远不比杭州，是个困苦的地方，何况此时俸禄已远远不如从前，去那里无非是让家境雪上加霜，但如果想真正贴近民生做出业绩，去这一趟是必要的。后来苏轼将这些都写在了文章《后杞菊赋》里："而予仕宦十有九年，家日益贫。衣食之奉，殆不如昔者。"

宦游路上，秋意转凉，这江山也多了几分萧瑟之景，三十七岁的苏轼衣袍上还沾着西湖莲子的香，他缓缓朝着碧空抬起头，脸庞已不再年轻，双眸却依然炯炯。

一队大雁划过眸底。

苏轼想起自己在小院儿里的年少时光，当时少年们最爱并肩坐着，讨论那雁最终要去往何方。是啊，如今想来这竟成了困扰他后半生的问题。雁，究竟要去往何处？国，究竟该飘向何方呢？

没来由地，他忽然想起了一个人，也想起了那个人曾作的一首词。

把酒祝东风，且共从容。垂杨紫陌洛城东。总是当时携手处，游遍芳丛。

聚散苦匆匆，此恨无穷。今年花胜去年红。可惜明年花更好，知与谁同？[1]

那人也曾在斑白的鬓发上笑呵呵地簪一枝花，拍着他的肩膀，悠悠吟道："曾是洛阳花下客，野芳虽晚不须嗟。"[2]

我曾在洛阳看遍争奇斗艳的牡丹，又何必因为此处的野花盛开太晚而嗟叹呢？

转眼多少年已过，多少人事转头空，但至少我们还拥有故人留下的词，也算是

----
1 欧阳修《浪淘沙·把酒祝东风》。
2 欧阳修《戏答元珍》。

将当年的心境永远留存下来了。

  如此追忆着，苏轼迎着徐徐秋风，唇角不禁微微扬起一抹如同当年般的笑意，很快他又心潮澎湃地朝着骏马扬鞭，一声清亮呼哨恰似少年："驾——"

(第一版) 　　　　　　　　　　　北宋趣闻

广告版

市政府园林项目招标

现因西湖清淤大堤建设工程，杭州市政府面向全社会公开招标，采购一百株杨柳和芙蓉，用于大堤建成后的绿化工作，有意者请于规定时间内向市政府提交申请。

资质要求：承包方有多年的绿植养护及维护经验，保证杨柳、芙蓉等绿植存活率高于百分之八十。

加分项目：提供专业人员养殖及售后服务。

申请日期：自公告发布后的一个月内。

负责人：苏轼

今日北宋简讯

简讯版

据悉，位于黄河入海口的徐州近期安然度过了潮汛期。相传每到黄河潮汛期，徐州百姓就会一跑而空，而苏轼担任徐州太守时期，头戴斗笠、手拿叉子，亲自前去抗洪，在他的带领下，百姓们跟着他一起抗洪疏通出海口，目前徐州的水况良好。

070 —— 苏轼 人间惊鸿客

北宋趣闻

北宋八卦日报

文〉夏眠

北宋牌万金油

本报讯，苏·打败曾巩之人·惊叹欧阳修者·北宋美食家·朋友歌颂者·轼担任新一届的杭州知州已满一年，在苏知州上任之后的一个月里，他汇总了市民热线12345中市民反映的问题，就水难喝、水很臭、水淹家门等问题作出了反馈。接下来一段时间里，苏知州发布了一系列的政府公告，开始了名为"杭州水利改造"的大工程。

一年后，记者实地考察杭州水利的治理情况。

茅山、盐桥的施工工地上，有许多工人正在工作，他们挽着裤腿，正在挖一个大坑。"这可不是挖坑，这是在拓宽茅山河和盐桥河！"工人师傅表示，"是苏知州上次和水利工程师一起过来视察后要求的，他们还在那边画了张图，你看！"

顺着工人所指的方向，能看到一块棕色的板子，板子上画着杭州市的河流和湖泊，包括茅山河、盐桥河、钱塘江、西湖。原来茅山河连通着钱塘江，钱塘江的潮水能往茅山河去，盐桥河连通西湖，西湖的水能流往盐桥河。

"知州说了，杭州多雨，夏天还常有台风和暴雨，到时候雨水排不出去，杭州城里又要发大水。现在先把这些小河拓宽，这样大雨来了，无论是江水还是河水都有去处！"工人说完，就接着热火朝天地干活去了。

记者在回杭州城的途中，还看到一个堰闸，连着西湖。据

今日头条

新任知州

治理水患，是"当代大禹"还是"Flag（旗帜）"之王"？

初出茅庐——071

北宋牌万金油

文／夏眠

推测，应该是为了控制湖水的储蓄和放出，也是为了避免暴雨期西湖水漫到城市里引发内涝。

西湖工地。

工地上聚集着大量的市民，他们都是响应苏知州的号召过来帮忙的。走进工地，就闻到了一股腐烂的味道，这是被挖开的葑田发出的臭味。西湖由于淤泥堆积、水体营养化，大量的水生植物死去后，形成了泥地，也就是刚才提到的葑田。苏知州曾经发布公告，中心思想只有一条：只有让西湖变大，才能恢复它蓄水的功能。

挖出来的淤泥被装车，送往南屏山。根据苏知州的设计，这些淤泥将被用来建设一条长堤，从南屏山一直通往栖霞岭，中间会经过跨虹、东浦、压堤、望山、锁澜、映波六座桥，连接里西湖和外西湖，到时候市民可以在这条堤上春游、约会、恋爱……

根据规定，中午工人停工休息。大家聚集在阴凉处，等着苏知州家里的仆人挑着扁担过来分零食，最受工人欢迎的零食是苏知州研发的东坡肉，肥而不腻，入口即化。工人们一边吃，一边聊天。

"知州说，等西湖修好了，就能喝上干净的自来水了？"

"我信，昨天还有人来重修了我们那片的引水管，原先不是竹子做的嘛，现在改成了瓦做的，不仅干净，而且原来只能供十户人用水，现在能供二十户。"

北宋八卦日报

今日头条

新任知州

治理水患，是『当代大禹』还是『Flag（旗帜）之王』？

"赶紧吃，吃完之后，把淤泥运到南屏山去。"

"我不去南屏山了，有别的活儿，我岳父家里有好几个木匠，苏知州之前说要找几个木匠商量，在湖边建几个亭子，我得先找他们商量去。"

"行，那明儿见，等等，你看那边那个是不是苏知州！"

"对，赶紧过去打个招呼！"

苏知州刚从杭州市饮用水的水源地——六井视察回来，现在他正在检查西湖清淤的情况，下午他会和市民一起劳动。

苏知州说："你们别小看我，我虽然是知州，但我在黄州时就下过地，种过粮，收过大麦！卖力气的活儿不比你们差！"

市民："知州，给我们唱个歌儿吧！"

苏知州回答："干完就唱，你们别不信，我当初在黄州还给人讲过鬼故事，吓得那些农民瑟瑟发抖，却又每天都来听！"

大家一片欢声笑语，争取在夏天来临之前把这地方的淤泥给清了。

初出茅庐 —— 073

广告版

北宋第一老实人大赛

欢迎大家关注这场比赛，目前比赛已进入最后角逐阶段！

1. 宰相司马光

老实事迹：司马光和 S 姓知州讨论工作，意见不合。S 姓知州讽刺："相国啊，你这个想法就和王八打架，四脚乱蹬一样。"司马光一脸认真地问："王八也会打架？"S 姓知州回答："可不就是你现在这样子吗？哈哈哈！"据说，司马光虽然身居高位，但还是被 S 姓知州科普了一脸王八的相关知识：王八这种动物超级憨厚，遇到危险不会和对方打架，只会往泥土里钻，同时不顾一切地用后腿乱蹬。司马光宰相表示：王八挺好，挺萌的。

2. 画家文与可

老实事迹：当初文与可默默无闻时，S 姓知州为其代言推广，推广十分成功，大宋土豪都以拥有文与可的竹子画为荣。强迫症兼完美主义偏执狂文与可 007（一种每天工作 24 小时一周无休的工作模式）都画不完，于是联系 S 姓知州："大哥，求你了，别给我打广告了，给你磕头叩谢大恩大德。"S 姓知州回复："好东西要大家一起分享。"文与可又回复："我和他们说了，说你画得比我好，让他们去找你。"S 姓知州说："可以，不过要写你的名字！"据文与可说，最后他给 S 姓知州贡献了二百五十匹布料，这事儿才算过去了。

为了保护当事人，S 姓知州被隐去姓名。

小编：谁是老实人不知道，但是这个 S 姓知州一定很坑。

道尽坎坷

·第二章·

DAOJINKANKE

密州

兼怀子由

道尽悲欢离合

文/拂罗

熙宁八年，密州。

此时的苏轼已经带着家人在密州住了一年，与歌舞不休的杭州比起来，密州实在是个苦地方。这里只产桑麻，虫蛇横行，百姓们困顿贫穷，有不少人居然当起了劫道的盗贼，分分钟就要在苏轼这个知州面前上演梁山大戏。

苏轼远远听说过汴京城的局势，去年王安石在众议下经历了一次罢相，今年才刚重回京城。倔老头儿铁了心要一条改革路走到底，立刻遭到了众人的排挤与反对，日子很不好过。

至于罢相的原因，自然是新法实施不妥当，百姓过得比之前更苦了，偏偏还遇上天下大旱，颗粒无收，全国一片对王宰相的怨声。王安石正要用"就连尧舜时都无法避免天灾，何况我朝呢？变革之路必定伴随艰辛，请陛下派人治理就好"的说辞说服神宗，还没开始呢，就有个叫郑侠的官员向皇帝献上了一样东西，请求罢免老王。

那是一幅《流民图》，它将大灾之年百姓饥寒交迫、流离失所，饿殍遍地的场景真实地描绘了下来，图中的父老们不惜卖了妻儿来换取粮食，甚至啃食草皮树皮。

这幅图传到宫里，深深地震撼了神宗的母亲和祖母，太后和太皇太后一起哭着向神宗指责王安石乱了天下，而神宗也摇摆不定起来，质疑当初自己这个决定是否正确。

去年四月，神宗罢免王安石的宰相之职，将他调去别处。[1]虽然今年王安石回了朝，但因心理压力以及儿子去世的打击，仅在一年后就彻底辞去了丞相之职。

苏轼朝着汴京城的方向叹了口气，看来朝中依然不安宁，自己这颠沛还没有尽头。

回忆往昔，那道倩影总在他的梦里徘徊。发妻王弗竟已逝世快十年了，若她魂兮归来，瞧着自己这寒酸的样子，会不会心疼地再轻轻嗔怨一声？若永远停留在二十多岁的她，如今瞧见三十七岁的自己，会不会调皮地伸手揪他的胡子，掩唇笑话他："郎君如今也是我们爹娘的年纪了？"

----

[1]《宋史》：监安上门郑侠上疏，绘所见流民扶老携幼困苦之状，为图以献，曰："旱由安石所致。去安石，天必雨。"侠又坐窜岭南。慈圣、宣仁二太后流涕谓帝曰："安石乱天下。"帝亦疑之，遂罢为观文殿大学士、知江宁府，自礼部侍郎超九转为吏部尚书。

斯人已逝，如今只能将这些思念都记入正月二十日夜的一场梦中。[1]

如果阿弗真的回家，恐怕都已经不认识我了吧？

密州百姓的日子不好过，身为一个清廉的官员自然也不好过，此时的苏轼完全可用"尘满面"来形容。赶上荒年，不得不为填饱肚子想办法，找来找去，竟还让他找到些许"大自然的馈赠"，连菊花都可摘来果腹。[2]

苦中寻乐的日子反而让苏轼越发看淡一切，因为他想起了陶渊明。既然前人可以"采菊东篱下，悠然见南山"，自己又有什么不可以呢？眼下的苏轼就如同一块被风霜打磨过的玉，越打磨越璀璨，他身为文人的风骨与趣味也逐渐被剥离出来了。

他晨起伸个懒腰，提笔写下一首《西斋》，连风格都与陶渊明十分接近：

起行西园中，草木含幽香。榴花开一枝，桑枣沃以光。

他游望云楼，心情开阔，又写一首《望云楼》：

阴晴朝暮几回新，已向虚空付此身。出本无心归亦好，白云还似望云人。

……

回首前半生，年近不惑的苏轼发现自己已经看淡了许多往事。

不仅是文学生涯迎来了新的巅峰，在政治方面，被后世无数百姓瞻仰的"苏东坡"形象也渐渐立体。苏轼还记得自己刚到密州时的荒凉景色，百姓们每天食不果腹，面黄肌瘦，这惨状深深刺痛了他的心，于是他立刻下令开仓放粮，将官员们包括自己的粮食都分给百姓，终于解决了饥民之急。

针对横行乡里的盗贼，苏轼写了《论河北京东盗贼状》上书朝廷，精确地分析其中成因——"密州民俗武悍，恃好强劫，加以比岁荐饥，椎剽之奸，殆无虚日"，并提出应从根源上治理，赏罚分明。

不久后，苏轼照例去城根挖野菜吃，忽然发现一个将死的弃婴，他顿时心如针扎，小心翼翼地将弃婴抱回府中抚养，一路沿城墙向前却找到了更多弃婴，不禁潸然泪

---

1 这里是指苏轼为王弗写的悼亡词《江城子·乙卯正月二十日夜记梦》。
2 《后杞菊赋》：日与通守刘君廷式循古城废圃求杞菊食之。扪腹而笑。

下[1]。

见太守如此，其他官员也跟着出动，短短几天竟捡回婴儿近四十个！

这一数字让苏轼感到心如刀割，他将婴儿们安排给各户抚养，每月安排发放抚养费，两年间救活了几十名弃婴——数年后，苏轼被贬去黄州，还仔细将这些经验传授给鄂州太守朱寿昌[2]，建议他成立一个"育儿会"。

经过一年的治理，荒凉的密州终于渐渐有了起色，百姓们无不感恩苏太守。同年，苏轼决定将破败的旧园圃修缮一新，让此地有个新气象，修缮完工时，弟弟苏辙还在给他的信中给这台子起名叫"超然"。

苏轼也挥笔写了一篇《超然台记》：

凡物皆有可观。苟有可观，皆有可乐，非必怪奇伟丽者也。

哺糟啜醨皆可以醉；果蔬草木，皆可以饱。推此类也，吾安往而不乐？

任何事物都有可观赏之处。若有可观之处的话，必定在哪里都能让人感到快乐，不一定非要是怪、奇、伟、丽的景观才行。吃酒糟喝薄酒都可以使人沉醉，这里的蔬果草木和野菜都可以为人充饥。以此类推，我到哪儿会不快乐呢？

这段时日，苏轼反而作出了比以往更好的文学作品，他感觉自己就像一个剔透的容器，吞下去的是苦难、孤寂、悲欢离合，咀嚼后咽入腹中再娓娓道来的则是诗、是词、是逐渐自成一体的"苏东坡"风格。

最能体现风格转变的莫过于这首《江城子·密州出猎》，这是苏轼这辈子写的第一首豪放词，也是宋词豪放派的开山之作。

老夫聊发少年狂，左牵黄，右擎苍，锦帽貂裘，千骑卷平冈。为报倾城随太守，亲射虎，看孙郎。

酒酣胸胆尚开张，鬓微霜，又何妨？持节云中，何日遣冯唐？会挽雕弓如满月，西北望，射天狼。

---

1 苏轼《次韵刘贡父李公择见寄二首其二》：磨刀入谷追穷寇，洒涕循城拾弃孩。
2 《与朱鄂州书》：轼向在密州，遇饥年，民多弃子，因盘量劝诱米，得出剩数百石别储之，专以收养弃儿，月给六斗。比期年，养者与儿，皆有父母之爱，遂不失所，所活者亦数十人。此等事，在公如反手耳，恃深契，故不自外。不罪！不罪！此外，唯为民自重。不宣。轼再顿首。

道尽坎坷 —— 079

写完之后，苏轼看了又看，也为自己开拓出新的词风感到得意，他又腰嘿嘿一笑，还在友人的往来书信里自豪地提过："近却颇作小词，虽无柳七郎风味，亦自是一家。呵呵，数日前猎于郊外，所获颇多，作得一阕，令东州壮士抵掌顿足而歌之，吹笛击鼓以为节，颇壮观也。"[1]

哎呀，我可真是个平平无奇的文坛小天才，过会儿把这词再抄一遍，烧给欧阳老师炫耀一下吧。

冬雪消融，一年又至尽头，苏轼在密州迎来了中秋节，万户团圆，明月皎洁，像极了当初在京城与子由共度的那些中秋夜。苏轼身在热热闹闹的家宴，手握酒杯，醉眼中又徐徐浮现了弟弟那清瘦寡言的侧影。

一晃竟已七年不见子由了，这些年苏轼屡次求朝廷将自己调任到离弟弟近一些的地方，却也没能如愿。

而愈浓烈的感情，往往愈能造就一首传唱千古的名篇，在思念弟弟的时候，苏轼总能写出最感人的诗篇——《和子由渑池怀旧》《中秋月寄子由三首》《画堂春·寄子由》……连他自己都不大记得，究竟给苏辙写了多少诗。

子由啊子由，咱们曾经这热热闹闹的一大家子，如今就只剩下你和我啦。

在这年的中秋夜，思念兄弟的苏轼写出了《水调歌头》：

明月几时有？把酒问青天。不知天上宫阙，今夕是何年？我欲乘风归去，又恐琼楼玉宇，高处不胜寒。起舞弄清影，何似在人间？

转朱阁，低绮户，照无眠。不应有恨，何事长向别时圆？人有悲欢离合，月有阴晴圆缺，此事古难全。但愿人长久，千里共婵娟。

"如何才能知道月亮阴晴的规律呢？我举杯问青天。不知现在天宫里是何年何月？我本想乘风去问问，却又怕琼楼玉宇寒意太浓。这月色清辉倾斜流下，仿佛嫦娥起舞的清影。天宫的风光，又哪里比得上月色正浓的人间呢？

"月光笼罩玉宇与楼阁，又悄悄流进窗户，使我这外乡人辗转反侧，一夜无眠。月亮啊月亮，我有哪里招惹了你吗？不然你何故在我与子由分别之时格外圆呢？其

[1] 出自《与鲜于子骏书》。

实我也明白，自古悲欢离合就仿佛月儿的阴晴圆缺，实在难以求全。只希望远方的亲朋好友都平平安安，哪怕隔着千万里，现在我们沐浴在同一片月光下，也算是团圆相聚了吧。"

当年苏东坡曾仰望过的中秋之夜，随着古今千百年的月光，遥遥一路辗转到后世无数漂泊人的口中。

藏着绵绵愁绪的中秋之夜转瞬间也成为往事，再追思那夜明晃晃的月光时，苏轼不禁带上了些许笑意——就在同一年冬，他收到改任河中府的调令，可以回京一趟，恰逢苏辙也需回京改官，兄弟俩终于有了见面的机会。

不久后，苏轼调任河中府的命令忽然取消，改成了去徐州任太守，而苏辙在四月份的时候跟哥哥一同来到徐州，依依不舍地住到中秋才离开。

此时王安石已失势，朝中一片萧条，轼、辙两家却其乐融融，一片团圆开宴的好景象。三十九岁的苏轼终于等到了七年不见的苏辙，两兄弟热泪盈眶，紧紧拥抱在一起。

他们终于得以同赏月光，同诉在异地时对彼此的思念。

苏辙写《水调歌头·徐州中秋》以纪念来之不易的重逢，而苏轼也写了《阳关曲》来纪念：暮云收尽溢清寒，银汉无声转玉盘。此生此夜不长好，明月明年何处看。

"子由，此生不易始终如此夜这般美好，明年的明月，我们又该在何处观赏呢？"

不久后，苏辙挥泪离开，而苏轼也正式开始了治理徐州的日子。

徐州连年天灾人祸不断，苏轼刚上任不久，就经历了一场大洪水：因黄河泛滥，汹涌的洪水几乎摧垮城墙，许多富户争先恐后要逃难，被苏轼拦住："你们一出城，所有百姓都会跟着动摇，到时我能与谁共守城？我就在这里，洪水绝不会冲毁咱们的城墙！"

将这些富户劝回城后，他又立刻招来武卫营的禁军："诸位，徐州城情况危急，虽然你们是禁军，但也请为我尽力。"

"苏大人尚不避洪水，我辈小人自当效命！"众将士被苏轼坚毅的态度打动，连夜带着工具修补守护城墙，经过两个多月日夜不眠的奋战，终于守住了危难中的徐州城，当地百姓一时感激涕零，传颂苏大人之名。

道尽坎坷 —— 081

接着苏轼又在《上皇帝书》中反映了此地的问题，还修建堤坝和黄楼、种植松柏……他将此地治理得井井有条，政绩显赫。后来他调任湖州太守，这里百姓还念着苏公的名字。[1]

熙宁十年，洪水逐渐得到控制，苏轼也终于得以回家几趟。就在同年，有一位年轻人拿着自己的作品，敲开了苏家的大门，并真心诚意地写下"我独不愿万户侯，惟愿一识苏徐州"，后来他果真成了苏轼的得意门生，为后来的"苏门四学士"之一。

这位年轻人就是秦观。他出生于高邮，性格与年轻时的苏轼极相似，喜欢四处远游，风流倜傥，被许多少女暗慕。在十九岁那年，秦观的家乡曾遭遇水灾，百姓的惨状极大地震撼了他，所以当苏轼赴任徐州治水之际，秦观便立刻前来登门了。

苏轼看着眼前潇洒英俊的年轻人，竟有些恍惚，好似跨越时空看到了往昔的自己。看过秦观的文章，他立刻赞赏其"有屈原、宋玉之才"，并悉心教导他写文章。

之后秦观考了两次科举，皆未能中，苏轼写信安慰，打抱不平——多年后，见秦观气馁，苏轼又向王安石推荐秦观，请老王对这位年轻人多加鼓励，于是王安石夸秦观的诗"清新似鲍、谢"[2]。

在两位前辈的鼓励下，秦观终于考中了进士。

华夏的文明与文化是一代代的传承，师与徒，恩与情，代代薪火相传，就像当年欧阳修悉心教导苏轼那样。如今四十岁的苏轼在文坛位及巅峰，早已是许多年轻人的恩师，这些年不时有文人登门拜访，拎着文章，求苏轼点评。

让苏轼印象深刻的还有另一位，黄庭坚，他比苏轼小八岁，主动与苏轼书信往来，二人渐渐便成了亦师亦友的关系。与潇洒的风流系男神秦观不同，黄庭坚给苏轼的

---

[1] 苏辙《栾城集》：自密徙徐。是岁，河决曹村，泛于梁山泊，溢于南清河。城南两山环绕，吕梁百步扼之，汇于城下。涨不时泄，城将败，富民争出避水。公曰："富民若出，民心动摇，吾谁与守？吾在是，水决不能败城。"驱使复入。公履屦杖策，亲入武卫营，呼其卒长，谓之曰："河将害城，事急矣，虽禁军，宜为我尽力。"卒长呼曰："太守犹不避涂潦，吾侪小人效命之秋也。"执梃入火伍中，率其徒短衣徒跣持畚锸以出。筑东南长堤，首起戏马台，尾属于城。堤成，水至堤下，害不及城，民心乃安。然雨日夜不止，河势益暴，城不沉者三板。公庐于城上，过家不入，使官吏分堵而守，卒完城以闻。复请调来岁夫，增筑故城，为木岸，以虞水之再至，朝廷从之。讫事，诏褒之，徐人至今思焉。

[2] 出自《宋史卷四百四十四·列传第二百三·文苑六》。

印象可以称得上古井无波了，这小子做什么事儿都特别稳重。

黄庭坚写的第一首诗叫《牧童诗》：骑牛远远过前村，短笛横吹隔陇闻。多少长安名利客，机关用尽不如君。

"长安城里那些追逐名利之人，用尽心机，还不如像你这般清闲自由啊。"

这诗写得很易懂，也很佛系，像个饱经沧桑辞职在家的老官员写的，实际上……黄庭坚写《牧童诗》时多大呢？才不到七岁。

可见真是七岁看到老，这娃娃注定一辈子都淡定又老成。

十多岁时，少年黄庭坚在乡试获第一名，刚刚参加完进士考试，不知是谁传闻说："黄庭坚又考了第一名！"同窗们都开开心心拉着他办宴席庆祝。

黄庭坚淡定喝酒。

忽然有个童仆慌慌张张地举着三根手指跑进来："噫，中了！有三个人中榜了！"大家连忙一问，居然不包括黄庭坚。

这就尴尬了，大家齐刷刷望向黄庭坚，旁边还有落榜的同窗正蹲地上痛哭流涕呢。黄庭坚依然淡定喝酒……喝完酒，他甚至还毫不沮丧地跟大家一起去看榜了。

一般人能做到吗？

黄庭坚在第二年考中了进士，但他的仕途其实并不算顺利，他和苏轼一样长期处于颠沛流离的状态，但多年后大家再看见他，发现此人的相貌风度居然没多大变化，还是那样从容淡定。

苏轼记得自己第一次读到黄庭坚的文章，就不禁发出赞赏："世上真是好久没出这么好的作品了！"[1]

得到全民偶像苏轼前辈的这句评价，黄庭坚的知名度一下飙升了，二人一直保持着笔友的关系，在文坛彼此互吹了多年，直到后来神宗驾崩，变法派彻底失势，这两个被放逐的守旧党才得以回京，见上了面。

不过……众所周知，两个好友如果关系太亲密，撕下了最初那层偶像滤镜，就会开始互相损对方，苏轼与黄庭坚就是如此，他们两人都是知名的书法家，一言不

---

[1]《宋史·卷四百四十四 列传第二百三·文苑六》：苏轼尝见其诗文，以为超轶绝尘，独立万物之表，世久无此作，由是声名始震。

合就开始互相黑。

苏轼：你的字好像那个树梢上挂着的死蛇哈哈哈。

黄庭坚淡定回信：那你的书法还是石压蛤蟆体呢。[1]

众人：……你俩能不能别凡尔赛[2]了？

可见黄庭坚是个稳重腹黑系。

苏轼还通过秦观结交了一位特殊的朋友——自幼出家的诗僧道潜，字参寥。他当时在杭州当官，道潜则隐居在智果禅院里，二人一见如故，从此往来唱和。

后来苏轼去彭城，道潜还来探望过。席间，放浪不羁的苏轼想作弄道潜，于是故意派一个歌姬去缠着道潜，讨要诗句。道潜面不改色，随口吟道："寄语东山窈窕娘，好将幽梦恼襄王。禅心已作沾泥絮，不逐春风上下狂。"[3]

窈窕的姑娘只能让楚襄王这样的风流君王动凡心，贫僧已成为出家人，就好似落在泥地的杨絮，再也不会被春风卷着上下翻飞了。

"哎呀，"苏轼拍大腿，"我刚才看见杨絮落进泥巴地里，觉得可以用来写诗找灵感，所以才没收拾，不料被这家伙抢先，可惜了。"

多年后，当苏轼被贬谪到黄州，道潜不辞辛苦、跋山涉水来找他。晚年，苏轼被贬去荒凉无人烟的海南，道潜竟毫不迟疑地决定渡海同去，苏轼连忙写诗劝他。

这样的好友，此生也难遇几人，足以用"百不得一"来形容了。

从京城到杭州，从密州再辗转到黄州，如今改官至徐州，有这些朋友往来相伴，苏轼并不感觉很寂寞。不久前，他又接到了前往湖州担任太守的消息。

自己简直是大宋各个州之间的一块砖啊，哪里需要，就往哪里搬。

这样也好，也算一步一个脚印，只要好好把政绩提上去，等到革新党哪天彻底倒了台，自己倒也不怕以后回不了京城。

苏轼哼着新写的词命人收拾行李，如今他已年过不惑，从翩翩公子变成了翩翩

---

1 《独醒杂志》："东坡曰：'鲁直近字虽清劲而笔势有时太瘦，几如树梢挂蛇。'山谷曰：'公之字固不敢轻议，然间觉褊浅，亦甚似石压虾蟆。'二公大笑，以为深中其病。"
2 网络热词，一种"以低调的方式进行炫耀"的话语模式。
3 《口占绝句》。

大叔，早就习惯了流离生涯，不再是那个初次踏雪离家，怀揣忐忑与不安的青年了。

不知道湖州那边有什么好吃的呢？对了，到时要先例行公事，给皇上写一篇谢表呈上去。

元丰二年四月，在青青的柳色中，在徐州百姓们依依不舍的送别声中，四十四岁的苏轼再次骑马踏上宦游的漫漫官道，他弯腰抚抚马儿的鬃毛，已经开始遥想湖州的文人与风光。

此时此刻他还浑然不觉，黑雾早已在京城悄悄涌起，他将会一步一步陷入那场致命的风云——命运里的那场诗案中，接受重重打击。

苦难，将紧握它手中锋利的刻刀，叮叮当当，雕琢出一个参悟了"人间有味是清欢"的灵魂，一个就此变得完整的、被后人仰慕了千年的苏东坡。

变法

置于死地而后生

ZHIYU SIDI

文/拂罗

元丰二年，入冬。

这一年的大宋并不太平，朝堂里早已没有了王安石慷慨陈词的身影，新党与旧党之争依然风起云涌。所有正义之士的心都由一根无形的丝线勒紧，被牵着遥遥飞去御史台——牢狱中，正关押着一位在文坛无人不晓的大人物，苏学士。

结束一整天的审讯，苏轼拖着伤痕累累的身躯，缓步回到暗不见光的牢房中。无论是隔壁传来的长吁短叹声，还是悄然滑过囚袍的透骨寒凉，这些都清清楚楚地告诉他：他身在狱中，错过了今年的秋色，可惜了。

他将冻僵的手拢入袖中，倒头躺下，思绪在黑暗中却不受囚笼束缚的禁锢。

眼看过了十二月，万户应覆了银装，最适合约二三好友温酒作诗。倘若此刻能恢复自由之身，在湖州与妻儿好友漫步赏冬，想必能乘兴吟出不少唱和之句来……罢了，本就是因这一张出口成章的嘴而获罪的，如今怎么又敢提起诗词文章来？

苏轼暗暗苦笑，收了收心，听暮鼓已经敲过，他便决定睡觉。在他身后，狱门响起沉重似叹息的"吱呀——"声，苏轼回头看了看，见那人走进屋内，二话不说，往地上扔了一个小箱子当作枕头，倒地便睡。原来是个新入狱的囚犯，苏轼没有管他，便也自顾自地沉沉睡去。

距离自己含冤入狱已经过了整整五个月。

在梦里，苏轼的思绪再次腾空而起，踏月乘风，飞去湖州，他记得，自己于元丰二年的四月走马赴任，在那里度过了宁静的三个月。正是青绿山水的好时节，湖州风光让人欣然，每日他自得其乐，携儿子苏迈与苏辙家的女婿、女婿的兄弟一同快快乐乐地观花作诗。

"我来无时节，杖屦自推扉。莫作使君看，外似中已非。"[1]

苏轼记得很清楚，坏消息传到湖州之前，自己正在家里整理文与可的遗作——文与可是一位擅画竹的名家，而苏轼又是"宁可食无肉，不可使居无竹"[2]的性子，二人既是至交好友，也是情同手足的亲家。不巧的是好友竟病逝了，苏轼哭了三天，着手搜集整理对方的作品。

----

1 出自苏轼《与王郎昆仲及儿子迈绕城观荷花登岘山亭晚入》。
2 出自苏轼《於潜僧绿筠轩》，此句版本颇多，为其一。

那时正逢七月七日，按照风俗应晒书，苏轼并不知晓远方的京城已暗流涌动，而是照常与家人一起晒书。无意间，他的余光又瞥到了文同曾赠给他的一幅墨竹图，不禁停下动作，再度失声痛哭，写下一篇《文与可画筼筜谷偃竹记》。

那时，针对苏轼的政治围猎已悄然开始，乌鸦聚成黑云，自御史台涌起，神宗已派出逮捕苏轼的台吏，快马加鞭，朝着湖州的方向飞奔。而苏辙此时已提前得到消息，惊愕之下连忙派人通知兄长，一场使者之间的竞速就这样无声展开。

这场血腥的闹剧后来又被称作"乌台诗案"。乌台，即御史台，从东汉沿用到元朝的中央监察机构，主要负责监督百官、弹劾官员，据说在汉代时御史台外种植了不少柏树，经常会围绕许多吵闹的乌鸦，所以被百姓戏称"乌台"，也有戏谑御史都是乌鸦嘴的意思。

神宗为何突然要逮捕苏轼？是因为突然看他不顺眼，还是梦到苏轼骂他八辈祖宗了？

苏轼：人在湖州坐，锅从天上来？

咳，当然不是，但黑锅……确实是突然从天上掉下来的。归根结底，这还是一场新党与旧党之间的殊死相争。早在王安石与宋神宗主张改革时，苏轼便与那些新党政见不合，无奈新党在皇帝的支持下声势浩大，他只好屡次申请外调，躲避祸端。

一个人获得了多少赞誉，他就要承受多少诋毁。

虽然弟弟常劝他要韬光养晦，但苏轼向来性情坦率，不以为然。担任知州时，面对新法，若对民有利，他便执行；若对民没有好处，他便拒绝执行，这种"每因法以便民，民赖以安"的风格更是让他成为了新党眼中的大患，必须尽快斩草除根。

于是，他们立刻开始搜集栽赃苏轼的理由。

从官场工作下手？可苏轼向来爱民如子，无论在哪里做官，百姓们都念念不忘苏学士的大名。少数几次失职，还是他年少轻狂时在凤翔府跟陈知府对着干，故意不去赴府宴，所以被扣了些工资，根本不够成为弹劾他的罪名。

从个人作风下手？可苏轼不仅与第二任妻子王闰之琴瑟和鸣，平日还礼贤下士，慷慨地向黄庭坚、秦少游这些后辈传授写作经验，后来的"苏门学士"个个都才华横溢，深深感激苏轼当年的赏识。

要陷害这样一位清清朗朗的人，从何下手呢？其实也简单：那些成就你人生的事情，往往也会成为摧毁你的致命点，尤其是对文人而言，更是成亦因文，亡亦因文——在宋朝，"文字狱"其实不常见，但它确确实实在千年间杀死过无数的文豪。

要如何编造文字狱呢？

既然苏轼写文章说"我最喜欢清高的竹子"，那么就立刻有人站出来，正义凛然地反驳："你只喜欢竹子？你觉得我家牡丹不清高吗？大家同样都是植物，你在贬低牡丹艳俗吗？而且我们都知道皇上最喜欢的是牡丹，你却公然夸竹子，这不是蓄意与天子作对吗？"

要辩得秀才哑口无言，只要兵不讲道理就行了。

一开始，朝中有人搜集苏轼的文章，断章取义，呈给神宗说他有"诽谤朝廷"之嫌，但神宗毕竟爱才，并未重视，而是轻描淡写地将此事搁置了，这让新党大为懊恼。

就在此时，苏轼所作的《湖州谢上表》传入了京城，立刻成为了乌台诗案的导火索。

一方面，写谢上表虽是调任后的例行公事，但苏轼才气太盛，文章每传入京城必引得众人争先传阅；另一方面，他哪怕写公文，也常夹杂个人感情——当一个人将魂魄融入文章，他很难掩下那些熠熠闪光的思想。

于是，这篇表里的"知其愚不适时，难以追陪新进；察其老不生事，或能牧养小民"立刻成为了指控的证据。"其"指苏轼自己，"新进"指新党，大体意思就是：苏轼自嘲不能与新党共存，说自己不再"生事"了。

新党眼睛一亮：好家伙，你说自己不再生事，那就是暗指我们新党"生事"喽？皇上，你看他！

同年七月，在苏轼忙着晒书感怀故友的时候，御史台官员何正臣、舒亶、李定等人已开始联手弹劾他，他们接连上书对神宗洗脑，每次都细数苏轼的罪状。例如监察御史舒亶，他拎着苏轼写过的话和诗一句一句地做阅读理解。

舒亶："皇上您不是兴修水利吗？苏轼偏偏就写'东海若知明主意，应教斥卤变桑田'[1]，这不是在讥讽您的政策？"

神宗："这……"

---

[1] 出自苏轼《八月十五看潮五绝》。

道尽坎坷 —— 089

舒亶:"您再看,您不是实施青苗法吗?他写'赢得儿童语音好,一年强半在城中'[1]来嘲讽您呢。"

神宗:"啊这……"

舒亶:"您不是推行盐禁吗?他又写'岂是闻韶解忘味,迩来三月食无盐'[2],岂不是公然与您作对?这可是居心不良,颠覆朝廷之罪啊!"

神宗正因新法施行不顺窝火,终于大怒拍案:"苏轼到底什么意思?跟朕杠到底了是吧?去,把他给朕捉来,仔细审问!"

七月末,台吏皇甫僎被派出,快马加鞭去湖州捉拿苏轼。当时的驸马都尉王诜与苏轼是好友,见状十分着急,立刻偷偷告诉了作为南京幕官的苏辙——这就是苏辙能够提前派使者通知兄长的缘由。

恰好皇甫僎因儿子病重,耽误了一些时日,于是苏辙的使者先飞奔进来,风尘仆仆地喊:"苏知州,不好啦!皇上派御史台吏来抓您啦——"

苏轼正在家中整理好友的遗作,闻言几乎要惊掉手中的画卷:"抓我?为何?"

这罪状本就是莫须有,使者支支吾吾也说不出个所以然,苏轼仔细想想,料定是那些新党的指控,能让弟弟都万分火急的事,只怕是十分严重。他立刻请了假,由通判代为履行知州的职务,刚安顿好一切,皇甫僎便带着士兵大摇大摆地闯进了他的住处。

七月初秋,苏轼肃整官袍,足踏官靴,手持笏板,领着通判等人立在庭中等候,面对凶神恶煞的士兵们,不卑不亢地开口:"臣昔日对朝廷多有得罪,想必死罪难逃,请让臣先与家人道别。"

话虽如此,苏轼心里如何能不紧张?在官差到来之前,他甚至在屋后迟疑徘徊了许久,通判劝他:"苏知州,如今躲避也无济于事,不如出去迎接他们。"苏轼准备出去,走了两步,又回头问通判:"我已是戴罪之身,是不是不应穿官服出去?"

通判摇摇头:"我倒是认为无碍,您还没被正式指控,应当穿好官服出去。"[3]

---

[1] 出自苏轼《山村五绝》。
[2] 出自苏轼《山村五绝》。
[3] 《孔氏谈苑》。

于是，苏轼便认认真真地穿好了官服，走出屋，在王闰之和朝云的哭声中，他努力压下心中的惊涛骇浪，对家人温和笑笑："别怕，我并未做错何事，自斟问心无愧，此去必能安然回来。"

见家眷依然哭泣，他便给她们讲了个故事，后来也被记在了《东坡志林》中：从前宋真宗寻访天下隐士，得知有个叫杨朴的隐士十分有才，经常作诗，便召他入宫。这位杨朴虽然不愿意崭露头角，但还是去了。

真宗问："听说你经常作诗，想必十分有才华吧？"

杨朴不愿做官，摇头否认。

真宗又问："那临行时可有朋友赠你诗词？"

于是杨朴将临行时妻子所作的诗呈了上去："只有我老婆写的这首：更休落魄耽杯酒，且莫猖狂爱吟诗。今日捉将官里去，这回断送老头皮。"

宋真宗听完被逗得哈哈大笑。

在听完这个故事之后，王闰之破涕为笑，她留在家里耐心等待夫君回来，由长子苏迈陪父亲一起去京城。

台吏到后，太守府人皆惊惧，苏轼请求与家人作别，皇甫僎只淡淡答了句"没这么严重"，说罢，便上前逮捕了作为太守的苏轼，动作粗鲁，简直如驱鸡犬，立刻出城上船，回往京城。

这个场面后来被苏轼的一位友人孔平仲愤然记在《孔氏谈苑》中，"僎促轼行，二狱卒就直之，即时出城登舟，郡人送者雨泣。顷刻之间，拉一太守如驱犬鸡。"

在舟上，苏轼内心微寒。

满郡尽是泣泪送行的百姓，而知州府中的同僚唯恐牵连自身，竟只有寥寥二三者相送。

从湖州抵京城，需二十日左右，每日在士兵的看守中望向滔滔江水，苏轼只觉得自己的心时而乱如江涛，时而又死寂如静水。

某天夜里，行船停在太湖修理，月色如昼，风涛倾倒，心乱如麻的苏轼甚至想到此番必定会牵连诸多好友，不如将眼睛一闭，先咬牙跳水罢了，但冷静一想：我

道尽坎坷

若投水，必定给子由招来灾祸，不可。[1]

至八月十八日，苏轼终于结束了鸡犬般的押送之路，被正式关进御史台监狱，但他人生中最难熬最黑暗的日子也随之开始了——面对毫不留情的反复拷问，他才知道这场乌台案最荒谬的核心，竟是他前半生所作的诗文！

譬如他所作《和韵答黄庭坚二首》被指控辱骂新进党；寄给驸马王诜的《汤村开运河，雨中督役》则被指控抨击新进党"生事"；甚至在密州所作的《后杞菊赋》都被指控是"嘲讽百姓贫穷，以此抱怨朝廷给的俸禄太少"……

牢狱之中，厉声拷问从破晓至暮鼓："说！你是否蔑视朝廷？！"

"说！你是否讥讽陛下？！"

……

面对种种指控，纵然是开朗乐观的苏轼也傻了眼，日复一日的羞辱和破口大骂让他心寒，从不停歇的皮肉之苦也让他坚定的心神一分分被摧垮。起初，他还认认真真地自辩，可对方的逼供与质问来势汹汹，苏轼逐渐心力交瘁。

原来，对方想听的并非是真相，而是那些能置他于死地的认罪证据，正如后来苏辙为哥哥所抱不平——"东坡何罪？独以名太高"。

转眼已过了百日，曾经那些让他愤怒的指控，如今也如同一滴落入清水的墨，搅浑苏轼原本清明的灵台。而那一声声在严刑里响起的逼问也逐渐变成了："承认吧，你所有的罪行——"

于是，在那些仿佛没有尽头的苦难中，伤痕累累的苏轼张开颤抖的嘴唇，低声承认了所有的"罪行"。

他承认，自己在赠张方平的诗里将朝廷比喻成"荒森蜩蚻乱"，自己"遂欲掩两耳"；他承认，他给曾巩的诗里用"聒耳如蜩蝉"来辱骂那些政客；以及，在给李常的诗中，

....
1《孔氏谈苑》：是夕风涛倾倒，月色如昼。子瞻自惟仓卒被拉去，事不可测，必是下吏所连逮者多，如闭目窜身入水，顷刻间耳。既为此计，又复思曰："不欲辜负老弟。"弟谓子由也，言己有不幸，则子由必不独生也。由是至京师，下御史狱。李定、舒亶、何正臣杂治之，侵之甚急，欲加以指斥之罪。

自己在密州"洒涕循城拾弃孩",当时"为郡鲜欢"……

在新进党近乎撒泼般的刁难指控下,他亲口否认了自己前半生的所有,那些为国为民的一幕幕,那些从少年起就引以为傲的作品。

"是,我……承认。"

逼迫一个文人亲自为他所有的作品泼上脏水,这不亚于一刀刀地、慢慢地将他整个人凌迟。

"是……我承认。"

直至心脏鲜血淋漓,直至魂灵支离破碎。

"是,我承认。"

直至麻木,如行尸走肉。

他心里仿佛有个少年在悲愤大哭,可麻木的躯壳在开口说话时,全都变成了沙哑的一声声认罪。当时有位名臣曾与苏轼只有一墙之隔,后来,他写诗追忆"遥怜北户吴兴守,诟辱通宵不忍闻"[1],那些不堪入耳的辱骂常常响彻通宵,连其他犯人都难以忍受。

躺在冰冷的牢狱里,缓缓抬头望,目光所及只有一片浓重的黑。耳畔是隔壁犯人被拷打时的惨叫声,苏轼却不合时宜地想起多年前的场景,恩师张方平携自己与苏辙一同泛舟,当时明月皎皎,自己醉酒狂歌,告诉胸中不平事,吓得苏辙只能苦劝:"哥,谨言慎行才能明哲保身啊!"

子由啊子由,你是否日夜担心我会有这么一天?我这个当兄长的,是否已让你操碎了心?

苏轼苦笑。

在这些绝望的日子里,他有过痛恨,但并不痛恨那个天真高歌的自己,有过后悔,却并不后悔曾写过那些诗文。他知道,若此生少了这些,他苏子瞻也必定不复存在,文章就是他的骨与肉,今日种种,也不过是因世上小人太多罢了。

---

1 周必大《二老堂诗话》:是秋亦自濠州摄赴台狱,尝赋诗十四篇,今在集中,序云:"子瞻先已被系,予昼居三院东阁,而子瞻在知杂南庑,才隔一垣。"其诗云:"遥怜北户吴兴守,诟辱通宵不忍闻。"注谓"所劾歌诗有非所宜言,颇闻骂诘之语"。

人越多的地方，越容不下一颗太纯粹太热烈的灵魂。

就这样，他生生地熬到了十月。

让苏轼预感到死期将至的证明，是某日狱外忽然送来的熏鱼。

原来，苏迈每日来监狱为父亲送饭，由于二人无法见面，苏轼便与他约定，若有一日自己被判处死刑，便为他送来一条鱼，好让自己提前有个准备。

看来年轻时与子由"对床夜雨听萧瑟"的约定，终究成了一场空。看着鱼，苏轼慢慢回顾此生，不禁悲上心来，他写下两首诀别诗，委托一位狱卒代为转交。这位狱卒崇敬苏轼的为人，在狱中尽力照料苏轼，甚至每晚还为他端来洗脚水，让苏轼的牢狱生活稍微好受了些。

见遗言诗，狱卒大惊："学士，您必定不会至此！"

苏轼苦笑摇头："若我真定了死罪，最后没对子由说几句话，只怕死不瞑目啊。"[1]

于是狱卒谨慎地将两首诗藏在枕下，择日交给苏辙。

圣主如天万物春，小臣愚暗自亡身。百年未满先偿债，十口无归更累人。是处青山可埋骨，他年夜雨独伤神。与君世世为兄弟，更结来生未了因。

柏台霜气夜凄凄，风动琅珰月向低。梦绕云山心似鹿，魂飞汤火命如鸡。眼中犀角真吾子，身后牛衣愧老妻。百岁神游定何处，桐乡知葬浙江西。[2]

子由，以后要留你一人黯然神伤了，我们来世再做兄弟、再同听夜雨吧！

后来苏辙见诗，伏案痛哭，不忍卒读。

无论在文坛还是在政治场上，这都是一场漫长而残酷的围猎运动，以苏轼为中心，无数的诋毁与污蔑如雪崩般轰然倒向他，而这场猎杀中负责放箭的猎人，正是以舒亶、何正臣、李定等为首的新党。

除此之外，这上百首疑似罪证的诗词文章，又牵连了足足三十九人，司马光、驸马王诜……可谓闹得满城风雨。虽然此案重大程度可谓"天下之士痛之，环视而不敢救"[3]，但也不乏名士与官员愤然站出，为苏轼辩清白。

....

1 《孔氏谈苑》。
2 出自苏轼《狱中寄子由》。
3 《元城先生语录》：元丰二年，秋冬之交，东坡下御史狱，天下之士痛之，环视而不敢救。

就在苏轼疑心死之将至,叹息自己无法看到来年春色的时候,牢狱外正展开一场风风火火的多方救援。

首先为苏轼鸣冤的,自然是各州受过恩惠的父老百姓,他们无力参与政事,纷纷自发组织道场,祈求神灵佛祖保佑苏知州;作为苏轼的至亲手足,苏辙呈上《为兄轼下狱上书》,乞求神宗赦免兄长,并且愿意免除一切官职,替兄赎罪;还有已经退休的老臣张方平,愤然站出为苏轼辩白……这些声音终于逐渐动摇了神宗的内心。

当时的宰相吴充直言:"陛下以尧舜为法,薄魏武固宜,然魏武猜忌如此,犹能容祢衡,陛下不能容一苏轼,何也?"

我知道陛下不喜欢曹操,但曹操平生疑心那么重,尚且能容下祢衡那样的人,陛下您为何不能容下一个苏轼呢?

令李定等人震惊的是,竟然就连新党的领袖人物王安石、章惇等人都愤然出面,尤其是生性刚直的王安石,高声反问"安有盛世而杀才士乎"?王安石的地位颇高,这句话起了决定性的作用。

这些震耳欲聋的声音,都让惜才的神宗感到迟疑,他此前虽被怒意冲昏了头脑,但冷静下来后,也开始觉得这些指控离谱。

有一次,王珪指控苏轼所作"根到九泉无曲处,世间唯有蛰龙知"[1]有问题,说:"殿下您是飞龙,苏轼却刻意写地下的蛰龙,岂不是对您大不敬?这是要谋反啊!"

神宗:"……诗人的词岂能这样解读?他那首诗我知道,写桧树的,关我什么事啊。"

(神宗内心:当朕不知道?每次大大笔下产新粮,朕可是第一个熬夜读完的。)

章惇当时还是苏轼的好友,也跟着输出:"无论君臣都可称龙。"

神宗:"对啊,诸葛亮还是卧龙呢,诸葛亮也要谋反?"

王珪哑口无言。

后来退下殿来,章惇责骂他:"难道你想诛人满门吗?"王珪小声答:"这是

---

1 出自《王复秀才所居双桧二首》。

舒亶说的。"章惇气得大骂："舒亶？那舒亶的口水你也吃吗？！"[1]

乌台诗案闹哄哄地持续了一百多日，新党们的心情逐渐从得意转为焦躁不安，他们惊恐地发现，面对这场宋史上罕见的文坛污蔑，越来越多的同僚们选择站在苏轼一边，或干脆保持沉默，不与他们同流。

还有个新党叫李定，有一日，他与众官员等在崇政殿外预备上朝，得意扬扬地对大家说起笑话："哎呀，这苏学士真是个人才！几十年前的诗文，审问起来他都记得清清楚楚！"[2]

李定本以为这番话会引来诸多赞同，再不济也能讨得几声笑，但让他心神惶恐的是：满朝官员都静静地站立着、沉默着、望着他。

虽然仍无人当众为苏轼辩白，但也并没有一个人再说话。

自古以来，文人们虽常因政见不同而展开雄辩，但因政治场上不合，便拎出对方的文章肆意抹黑者，还是占少数。人心虽复杂，文学却是共通的，前者至多是道不同不相为谋，后者却着实有些卑鄙了。

这场面着实让李定慌了神，连忙打了个哈哈，糊弄过去。

让神宗彻底改变心意的，是太皇太后临终前的遗言，老太太仍记得苏家兄弟中举时，仁宗开心得像个少年，捧着试卷乐颠颠回去找她的旧事。

"昔日苏家两兄弟中举，先帝曾对老身说，他一口气为子孙物色了两个宰相……如今苏子瞻因诗入狱，想必是被小人诬陷，你可别冤枉了好人啊！"老太太苦口婆心劝道。

因奶奶病重，神宗想大赦天下为她祈福，老太太却倔强不肯："不用赦天下，你把苏轼放出来就行了。"[3]

在老太太的印象里，苏家兄弟一直如青年时那般清俊风雅，岁月过得何其快啊，

---

1 《石林诗话》。
2 《甲申杂记》：天下之公论，虽仇怨不能夺也。李承之奉世知南京，尝谓余曰：昨在侍从班时，李定资深鞫苏子瞻狱，虽同列不敢辄启问。一日，资深于崇政殿门忽谓诸人曰："苏轼，诚奇才也。"众莫敢对。已而曰："虽二三十年所作文字、诗句，引证经传，随问即答，无一字差舛，诚天下之奇才也！"叹息不已。
3 出自《耆旧续闻》。

一晃，仁宗去了，"一门父子三词客"也少了那位仁厚的父亲，就连那两兄弟也染了几缕白发。但老太太总能从苏轼奕奕如少年的眼里一窥当年神采，这让她恍惚觉得，仁宗还活着。

不久后，太后逝世，哀乐声中，神宗在奶奶病榻前低泣了许久。十二月，神宗决定释放苏轼，此前还特意派出了一个宦官，装作囚犯试探他。

于是便有开头那一幕。

这夜，苏轼见那新囚犯用箱子作枕睡觉，他并未在意对方，也沉沉睡去。

回顾过此生历历，经历过绝望大悲，他反而将生死看开了许多，决定做个有尊严的饱死鬼，于是将那条熏鱼吃了个干干净净，当夜睡得十分沉。大抵过了四更，忽然有人轻轻推醒苏轼，待他疑惑回头，那新来的囚犯却连声道贺："恭喜！恭喜！"

苏轼疑惑："什么意思？"

新囚犯神秘兮兮地一笑："您放心睡。"

说罢，那人拿起小箱子，神神秘秘地走了出去——后来苏轼才知道真相。第二日，宦官对神宗汇报"苏学士心思坦荡，睡得很沉"，神宗哈哈大笑："你们看吧？我就说苏轼问心无愧！"[1]

十二月二十九日，免除死刑的圣旨传到牢狱，苏轼被贬为黄州团练副使。当天，苏轼用力揉了揉眼睛，回想着那日催命般的熏鱼，疑心这好消息才是梦。不过很快，他就从苏迈那里得到了另一个真相：原来那天苏迈出城借钱去了，把送饭之事委托给远亲，却忘了告知约定之事，那位远亲又正巧送了熏鱼，这才闹出这么个乌龙！

"臭小子！"

苏轼一把抱住苏迈，哈哈大笑，笑出眼泪。

历经百日有余，闹得满城风雨的"乌台诗案"终于结束。根据作家余秋雨所写，在百年后的南宋，另一位大文豪陆游曾将所有的审问记录整理出来，悉心记录了乌台诗案的始末，以及苏轼对自己作品的分析。

此事随着历史的烟尘逐渐飞散，千年后的世人并不知真假，但总会把苏东坡与陆游联想在一起：倘若他二人生在同年代，两个性子同样豁达的文豪，必定会成为

---

[1] 出自《春渚纪闻》。

围炉夜话，边撸猫边饮酒的至交好友吧。

不论如何，死里逃生让苏轼感到欣喜，除夕时，他终于在家人的迎接下走出监狱大门，嗅到了让人欣慰的清风，拂面而来的还有清风里夹杂的喜鹊叽喳。

微笑重新挂上苏轼的嘴角，他走在市井环顾四周，看着行人，看着车马，一切都仿佛与入狱前相同，又似乎不大相同。以前他好像被一层名叫"利禄"的薄雾遮住了望眼，如今薄雾将散，这个大宋，才以更真切的模样，徐徐向他敞开怀抱。

苏轼再度出发，虽是以极低微的官职前往偏僻的黄州，但这并不让他感觉很悲伤。当天他便写了两首诗庆祝，其中一首是这样写的[1]：

百日归期恰及春，残生乐事最关身。

出门便旋风吹面，走马联翩鹊啅人。

却对酒杯浑是梦，试拈诗笔已如神。

此灾何必深追咎，窃禄从来岂有因。

诗成，苏轼看着这白纸黑字，想到自己刚刚因它而遭遇了一场浩劫，不禁笑道："我啊，真是不可救药！"

此刻，城门笼罩在雪气中，唯见天地上下一白，苏轼挥别家人，抄近路前往黄州。因气候恶劣，他将家眷留给弟弟照料，开春再让子由带他们来黄州。

他带着苏迈出发，父子二人骑着马，边走边回望，直到苏辙与一大家子的身影渐渐缩为雪地里的几个小点儿，这才恋恋不舍地催马前行。二十一岁的苏迈侧头看看父亲，历经此劫，父亲的面容似乎老了些，但让他感到惊喜的是，一种前所未有的熠熠神采，正从父亲的眼中迸发。

那是一种比往昔更成熟的、更温润的神采。

他悄声问过，得到的则是父亲在仰天大笑之后，响彻雪天的回答：

"千里清风将醒，万古明月当悬，至汴京桂子，至密州猎林，再至东坡赤壁。笑问，大宋江山，还有多少惊喜与美景等着你我亲眼去看？一点浩然气，岂无快哉风！"

后世另一位文人余秋雨先生曾对苏轼的这种变化，做出了最完美的描述：

---

[1] 出自《十二月二十八日蒙恩责授检校水部员外郎黄州团练副使复用前韵二首》，也有作《出狱次前韵二首》。

"成熟是一种明亮而不刺眼的光辉，一种圆润而不腻耳的音响，一种不再需要对别人察言观色的从容，一种终于停止向周围申诉求告的大气，一种不理会哄闹的微笑，一种洗刷了偏激的淡漠，一种无须声张的厚实，一种并不陡峭的高度。勃郁的豪情发过了酵，尖利的山风收住了劲，湍急的细流汇成了湖，结果——

"引导千古杰作的前奏已经鸣响，一道神秘的天光射向黄州，《念奴娇·赤壁怀古》和前后《赤壁赋》马上就要产生。"[1]

星图碎片收集进度65%，请扫描此处，
查收苏轼 - 星海留音。

---

[1] 出自余秋雨《苏东坡突围》。

登州

DONGSHAN ZAIQI

东山再起

未问少年在否

登州

DONGSHANZAIQI

文/拂罗

元丰三年，黄州。

对于人到中年的苏轼来讲，比起走马上任这个词，还是流放更恰当些，黄州团练副使是个非常低微的职位，手里一点实权都没有。更何况，刚经历过闹得满城风雨的乌台诗案，他的嫌疑还没有彻底洗脱，仍要"本州安置"，这其实就是禁足，他要在当地太守的看管下生活，不得离开黄州半步。

黄州距离长江很近，是一个并不富饶的小地方，况且团练副使并不会领到太多俸禄，这就意味着，花完积蓄，苏轼一家要亲力躬耕才能勉强度日。

在旁人眼里，苏学士这一遭着实是失去诸多，无论是财富、地位、名誉……苏轼几乎是摔入谷底，但对于此时此刻的苏轼来讲，他觉得，自己所得甚至比往昔要多：离开监狱后，正月里赶路，他便拥有了满目白皑皑的降雪；正式踏入黄州境内，已至二月初春，泥土破出新芽，于是他又拥有了美不胜收的春意。

苏轼看着这一切，感到很欣喜。还有什么不满足的呢？

如今他已来到黄州，见家眷和弟弟还没来，便住在定慧院[1]里，每日与这里的僧人为伍，还一展厨艺为他们烧了道便宜的"东坡汤"，饭后，他便在初春的林间散步消食儿，每日都过得恬淡自若。除此之外，附近的几位太守听闻苏学士到来，便纷纷赠酒菜给他，邀他作诗。

在定慧院，苏轼写下了这首《卜算子·黄州定慧院寓居作》，初经大劫，心中旧伤自然难愈，但倔强的傲骨仍未改。

缺月挂疏桐，漏断人初静。谁见幽人独往来，缥缈孤鸿影。

惊起却回头，有恨无人省。拣尽寒枝不肯栖，寂寞沙洲冷。[2]

三个月后，苏轼迎来了子由与王闰之他们。正值林色苍翠的五月，他将闰之和朝云以及小儿子们接回家中，又依依不舍地送别了弟弟。临别前，兄弟俩泪眼汪汪地再次许下"夜雨对床"的约定——这是苏轼年少时的执念，自他读过白居易"能来同宿否，听雨对床眠"[3]的诗后，便对这种退休状态十分艳羡。

---

1 又作"定惠院"。
2 注：此句有两个版本，此为其一，出自《宋词鉴赏辞典》。
3 出自《雨中招张司业宿》。

道尽坎坷 —— 101

"哥，如今你我都早已年过不惑，可一定要保重好身体啊！"苏辙絮絮叮嘱。

苏轼紧紧握住子由的手，愧道："你受我这个当哥的牵连，降为酒监，日子必定不好过，若有什么心事，尽管写信过来。"

"好，"苏辙抹了一把眼泪，临走前不忘嘱咐自己这位大大咧咧的兄长，"哥，切记祸从口出啊，我不在，你可要谨言慎行。"

苏轼点头如啄米，乖巧许诺："好，一定。"

在兄长一家的目送下，苏辙踏上了离开的路，他其实对哥哥的许诺并不抱以很大的期待，只希望哥哥波折的人生能暂且得到一丝安宁。这次一别，恐怕要数年才见，苏辙又抹了把泪，不忍回头再看。

站在原地，苏轼久久地注视着弟弟渐行渐远的身影，直到他消失在官道尽头。

这是第几次目送弟弟离去了？苏轼数不过来，他也不忍去细数前半生的种种分离，只能用"反正他年还可再见"来宽慰自己。

在黄州居住的日子正式开始了，并且一住就是四年。

这期间，苏轼过着与农民相差无几的清贫生活，布衣草鞋，竹杖缓行，常常漫步山水之间，甚至走在路上还曾被醉汉推搡痛骂，但这一切都让他感到新奇与自在，有种放下并看开一切的恬淡。

到黄州居住的第二年，他在给李端叔写的信中提到过这件事："得罪以来，深自闭塞，扁舟草履，放浪山水间，与樵渔杂处，往往为醉人所推骂，辄自喜渐不为人识。平生亲友，无一字见及，有书与之亦不答，自幸庶几免矣。"[1]

翻译过来就是"论我在黄州开小号当风景党的那些年"。

倘若放下"苏学士"这个身份，在天地自然间，你究竟是什么？倘若脱下那一袭沉重的官袍，你与世人究竟有何区别？苏轼不止一次地扪心自问。所以，面对醉汉怒骂，他反而"自喜渐不为人识"。

也是第二年，苏家花光了积蓄，好友马正卿便讨来五十亩田地，赠给苏轼躬耕——因土地在黄州城东门外，所以也称东坡，从此苏轼便自称"东坡居士"，正式转职成农民，在当地好心农人的指导下，过起了陶渊明般的生活。

---

[1] 出自《答李端叔书》。

实际上，苏轼也从未放下过对偶像的崇拜，看着逐渐发芽的作物，他甚至沾沾自喜："我莫不是陶潜转世？"

不久后，苏轼又把技能点到了传统艺能基建上，他在东坡下的废园里建造了一处堂，落成之时恰好漫天大雪，苏轼便欣然命名为"雪堂"[1]，并且亲笔在四壁上画了雪景图，栩栩如生——后来大画家米芾在雪堂拜见了偶像苏东坡，他比苏轼小十四岁，特意渡江而来，二人二十年的友情从此延续。

苏轼：论我在黄州种菜的那些年。

当时苏轼以《寒食帖》传世，而米芾正处于书法瓶颈期，得苏轼赠言，于是"始专学晋人，其书大进"[2]，米芾的书法造诣突飞猛进，苏轼晚年时，曾笑着亲口承认他是"今则青出于蓝矣"。

从苏子瞻到苏学士，再从苏学士到苏东坡，苏轼完成了心态的巨大转变，他的文风也从此变得越发清透如洗，流传千古的那几首诗词，皆是在黄州写下。

例如有一次，苏轼与友人踏青，忽遇急雨，旁人都觉得狼狈，唯独苏轼神情自若，拄杖而行。

莫听穿林打叶声，何妨吟啸且徐行。

竹杖芒鞋轻胜马，谁怕？一蓑烟雨任平生。

料峭春风吹酒醒，微冷，山头斜照却相迎。

回首向来萧瑟处，归去，也无风雨也无晴。[3]

"莫在意那穿林打叶的雨声，不妨一边吟诵一边缓步前行。反正我有竹杖和草鞋，轻便胜过骏马，有什么可怕的？任凭风吹雨打，披上一袭蓑衣照样能过好我的一生。

"乍暖还寒，春风将醉意吹醒，寒意沁凉，那山头上的雨后斜阳却热情相迎。再回头看一看来时曾遇到风雨的地方，回去吧，管它下雨还是放晴。"

四时有趣，也无风雨也无晴。

---

1 苏轼《雪堂记》：苏子得废圃于东坡之胁，筑而垣之，作堂焉，号其正曰雪堂。堂以大雪中为之，因绘雪于四壁之间，无容隙也。
2 《跋米帖》：米元章元丰中谒东坡于黄冈，承其余论，始专学晋人，其书大进。
3 苏轼《定风波·莫听穿林打叶声》。

后来，这句哲理贯穿了苏东坡宠辱不惊的后半生，值得感谢的不是苦难本身，而是那些走过苦难后依然澄澈透明的灵魂。

当四十五岁的苏轼来到黄州赤壁时，不禁感慨大江壮阔，感怀古人豪情，嗟叹光阴易逝，便挥笔写下被称为千古绝唱的《念奴娇·赤壁怀古》。这是一场横跨千古的对话，苏东坡与三国时代的古人神交，正如千年后的今人与苏公心意相交。

大江东去，浪淘尽，千古风流人物。故垒西边，人道是：三国周郎赤壁。乱石穿空，惊涛拍岸，卷起千堆雪。江山如画，一时多少豪杰。

遥想公瑾当年，小乔初嫁了，雄姿英发。羽扇纶巾，谈笑间、樯橹灰飞烟灭。故国神游，多情应笑我，早生华发。人生如梦，一尊还酹江月。

平日不出远门的日子，他便在雪堂与酒肆往返，甚至把生病的耕牛屠宰了炖肉吃——毕竟除了情有独钟的东坡肉之外，牛肉也是极好下酒的。酒过三巡，苏轼便心满意足地回家去，他还写了篇文章说，"西邻耕牛适病足，乃以为炙。饮既醉，遂从东坡之东直出，至春草亭而归，时已三鼓矣"[1]。

嬉笑怒骂皆成文章，这就是苏轼行文的风格，尤其经乌台诗案一遭，他欣喜地发现，自己越发擅长将生活的滋味融入字里行间，细品皆是诗酒茶味，好个有趣人间。

事实证明，苏辙离去前的担忧完全没有错，他的这位兄长刚刚放下乌台诗案的痛，便立刻想方设法地让生活过得更有趣些，他胆子又太大，往往把别人吓出一身冷汗。

在黄州的第三年九月，月色明朗，苏轼夜游回家，醉醺醺地敲门。

闻之开门，我是瞻砸！我鬼混回来了.jpg

童子早就睡着了，如雷喊声，怎么都唤不醒，苏轼便临水听江涛声，胡思乱想：唉！长恨自己仍在官途，躯壳已不归我自己所有了，何日才能彻底忘却这些功名呢？真想乘舟就此消逝，在江河湖海中寄托余生啊。

此夜，苏轼提笔写下《临江仙·夜饮东坡醒复醉》：

夜饮东坡醒复醉，归来仿佛三更。家童鼻息已雷鸣。敲门都不应，倚杖听江声。

长恨此身非我有，何时忘却营营？夜阑风静縠纹平。小舟从此逝，江海寄余生。

这首诗可把太守吓坏了，他生怕苏轼一个想不开就从黄州逃跑，或者投水了，

---

[1] 出自《春渚纪闻》。

到时可是他这个太守的责任啊！等太守慌慌张张来到苏轼家，却发现苏东坡在床上睡得正香呢，看来是昨晚苦等了很久才被家人放进来，累坏了。

苏轼：没心没肺，快快乐乐睡大觉！

太守：……想干掉一个人的眼神是掩饰不住的。

苏轼悠游自在的生活仍继续着。

他与好友杨世昌在赤壁下泛舟，清风徐来，月色渐浓，薄雾蒙蒙，横贯江面，江水仿佛连接天际。二人乘一叶小船轻快穿过雾色，只觉得自己仿佛要羽化登仙，苏轼便欣然唱起歌来，而友人吹箫相和，那声音却是如诉如泣，如怨如慕，不绝如缕。

这么哀婉的箫声，不禁惹得苏轼也惆怅起来，他肃整衣衫坐好，认真问友人："何故吹得如此哀怨呢？"

友人苦笑答："月明星稀，乌鹊南飞，不正是曹孟德的诗吗，可这些千古英雄今何在呢？何况你我今夜享受这一时之乐，就如同蚍蜉在天地间、一粒米在沧海里那么渺小……唉，想到我们这辈子只能短暂停留片刻，就忍不住羡慕滔滔无穷尽的江河了。我也想和仙人携手遨游天地，与明月相拥长生不灭，但我也知道，这些终究只是幻梦一场，只能把箫声寄托在悲凉的秋风里了。"

寄蜉蝣于天地，渺沧海之一粟。哀吾生之须臾，羡长江之无穷。挟飞仙以遨游，抱明月而长终。知不可乎骤得，托遗响于悲风。

苏轼笑着安慰朋友："水无尽流去，但水依然在这里，月有阴晴圆缺，但月依然长存。这宇宙万物确实无时无刻不在流动，但你若从万物不变的视角来看，这些当下的事物与我们都是永恒的啊，有什么可哀叹的呢？何况天地万物各有主宰，本就不属于我们，占据又有何用？只有江上之清风，山间之明月，入耳便成了声音，入眼便化为颜色，这是众生都能享受的。取之不尽用之不竭，这就是自然赐给你我的无穷宝藏啊，不如与我一同享受？"

惟江上之清风，与山间之明月，耳得之而为声，目遇之而成色，取之无禁，用之不竭。是造物者之无尽藏也，而吾与子之所共适。

友人转忧为乐，与苏轼一同洗净餐盘继续吃喝，吃完便倒头恬然睡去，连盘子都未收拾，不知不觉间，天边已露出曙光。

那夜的对话被苏轼写成《赤壁赋》，三个月后他又写了一篇《后赤壁赋》。

一晃，苏轼在黄州已待了四年之久，有位叫张怀民的小官也被贬至黄州，他生性潇洒，与苏轼十分相投，二人火速结成好友。十月十二日的时候，苏轼正解衣欲睡，忽然见月色朗朗，不禁起了出游的兴致，便前往怀民暂住的承天寺邀他同游，写下《记承天寺夜游》。

元丰六年十月十二日夜，解衣欲睡，月色入户，欣然起行。念无与为乐者，遂至承天寺寻张怀民。怀民亦未寝，相与步于中庭。庭下如积水空明，水中藻荇交横，盖竹柏影也。何夜无月？何处无竹柏？但少闲人如吾两人者耳。

何夜无月、何处无竹柏呢？缺少的只是我二人的心境罢了。

这一夜的记忆，在苏东坡的脑海中会永远鲜活下去：月夜朦胧，庭中美得好似一场幻梦，这是身在官场碌碌营营时从不曾有的心境，能在恰到好处的夜晚找到一个相识相知的朋友，欣然披衣，相与漫步，实乃此生罕有的幸事。

苏轼明白，自己终有一日会化作清风，而这篇文章或许会随着明月，一代代地在这历史悠久的土地上传承下去。这片土地所长养的文人们，天生便懂得什么是属于东方的浪漫，他们对这万古明月有着无限的柔情。

后来，张怀民在居所建亭，苏轼为其起名"快哉亭"，并赠《水调歌头·黄州快哉亭赠张偓佺》。

落日绣帘卷，亭下水连空。知君为我新作，窗户湿青红。长记平山堂上，欹枕江南烟雨，杳杳没孤鸿。认得醉翁语，山色有无中。

一千顷，都镜净，倒碧峰。忽然浪起，掀舞一叶白头翁。堪笑兰台公子，未解庄生天籁，刚道有雌雄。一点浩然气，千里快哉风。

春去秋来，在黄州度过了四年，苏轼已习惯了隐士般贫苦但有趣的生活。日复一日，在山林间，他有张怀民与道潜和尚作伴同游；在家里，他则与妻儿围在灶台之间，其乐融融。当苏轼再追忆这段往事时，他想起的不是黄州的偏僻，而是每日与家人吃饭时那浓浓的烟火气。

这才是人间最珍贵的事物啊。

四年间，他并不在乎朝廷里又发生了什么，专心与平民农夫为伴，随道士僧人同游。

苏轼不知道的是，其实远在京城的神宗从未遗忘过他，哪怕是例行公事的文书传到京城，只要出自苏轼之手，神宗都必定要仔细拜读一番才过瘾。

此时，神宗正忙着改革中央行政体制，本想直接任命苏轼为中书舍人，却在王珪的建议下征讨西夏，因战事耽搁了任命。第二次，神宗想让苏轼调任江州，却再次被王珪拖延，不了了之。

神宗：……王珪你有事吗？

这一拖就到了元丰七年的春天，神宗一不做二不休，直接手诏苏轼平级调动到汝州，再考虑复官之事——这也就意味着，对苏轼的限制令彻底解除了。手诏更是不同于寻常文书，是由皇帝亲笔写下的命令，可绕开宰辅直接执行。

神宗：我有生之年还能见到苏轼吗？

手诏传到偏远的黄州，当地官民都为苏轼感到高兴，可唯独苏轼心里没有什么波澜：自己其实早就过惯了清寒的日子，无所谓风雨，也无所谓晴天。遥想到自己四年间建起来的东坡与雪堂，他心里甚至还有丝丝不舍。

无论如何，这是个好消息。

元丰七年的四月，苏轼打马步出黄州，看见截然不同的风景，他的心情也如同此时的晴天，一分分地扬了起来。他先去高安探望了一趟子由，七月，又去江宁探望退休在家的王安石。

听闻苏轼来访，两鬓花白的王安石骑着毛驴，随意穿着粗布衣服，欣然到江边相迎，见苏轼的打扮也同样随便，二人相视一笑，王安石先牵住苏轼的衣袖，彼此搀扶着慢慢散步。

彼时苏轼四十八岁，王安石六十三岁，相逢一笑泯恩仇，昔日在世俗名利场的种种矛盾，都已随着后半生的蹉跎淡如云烟，在笑谈中轻飘飘地消散。

苏轼在江宁逗留了一个月有余，每日与王安石饮酒作诗，同游钟山，畅谈古今——在卸下官袍后，他们终于能像两个寻常文人那样，尽情地欣赏彼此的才华了。分开之际，王安石盛情邀请苏轼："日后你就在我这儿建几间房子，搬过来住吧！"

苏轼欣然同意，但眼下还不是归隐做邻居的好时机，他只能与白发苍苍的老宰

道尽坎坷 —— 107

相挥别，并赠诗"骑驴渺渺入荒陂，想见先生未病时。劝我试求三亩宅，从公已觉十年迟"[1]。分别那日，骑在毛驴上的王安石已有病容，他惆怅地目送苏轼离去，在原地静静立了很久很久。

漫天的晚霞绯云，像极了他们退朝时偶然抬头所见的黄昏。

一晃竟已过了这么久。为什么十年前不曾留意到呢？

王安石慢慢地仰头望天，他想了很多，最后只有一句轻轻的叹息。

约定终究没有实现，两年后，这位老人便在钟山忧郁病逝，从此苏轼昔日所熟悉的大宋，又少了一道浓重的笔墨。

而苏轼最终也没来到汝州，因为他与朝云所生的幼子不幸去世了，朝云深受打击，卧床大病了一场。丧子之痛让苏轼没有心思前往汝州，便上书神宗请求去常州居住。

这年末，他与朋友刘倩叔同游南山散心，写下《浣溪沙·细雨斜风作晓寒》。

细雨斜风作晓寒，淡烟疏柳媚晴滩。入淮清洛渐漫漫。

雪沫乳花浮午盏，蓼茸蒿笋试春盘。人间有味是清欢。

比起黄州，常州实在是个景色宜人的好地方，苏轼在这里感受到了安宁与满足，他如今也渐渐接近了知天命的年纪，便决定将常州定为自己的终老之地，一心一意过起归园田居般的闲散生活。

但他没有等到陛下的命令，因为神宗在这年猝然驾崩。

元丰八年，年仅十岁的哲宗即位，由高太后垂帘听政。新党失势，司马光势力重新上位，太后命苏轼即刻前往登州任朝奉郎，短短四个月，他又被召回朝廷，连升四级，从起居舍人升为翰林学士、知制诰——此时苏轼四十九岁，距离担任丞相仅差一步。

独上高楼，汴京仍然繁华得像一场烟雨梦，好似岁月如初，自己生命里那些重要的人，父亲，恩师，旧友……他们谁也不曾离开过一样。

从竹杖芒鞋到官袍加身，简直如平步青云，这让苏轼感到恍惚，越发觉得人生若梦。

[1] 苏轼《次荆公韵四绝其三》。

有天，太后宴请苏轼，有意问他："一年前你官居何职？"

苏轼回答："团练副使。"

"如今呢？"

"翰林学士。"

太后又问："你知道自己为何升官如此之快吗？"

苏轼微微一愣："仰仗太后恩典。"

"不是老身。"

"全凭当今皇上恩典。"

"也不是。"

"或许有老臣推荐？"

"与他们也无关。"

末了，苏轼连忙道："臣虽不足取，但也并未利用关系谋求官职。"

太后摇摇头，笑中含泪道："这是先帝遗诏啊！先帝在世之际，每逢用膳时举筷不下，大臣们便知道他是在看你写的文字。陛下经常对百官说苏轼是天才，想找机会任用你，未能如愿就不幸……"

苏轼呆愣在当场，回想记忆里神宗那一幕幕，不觉间已泪流满面。

春去秋来，万物始新，唯独新旧两党依然在朝廷里相争不休，这京城自是繁华，四季美不胜收，但苏轼只觉得自己再次回到了风云的正中央——如今他身居高位，依旧随性写文，依旧直言进谏，自然又得罪了不少人，挨了不少明暗中的诋毁。

面对掌权后日渐腐败的旧党，他上奏提出批评，就此惹恼了旧党，而那些坚持变法的新党亦不能容他。苏轼自知将新旧党都得罪了个遍，这让他逐渐感到疲惫。

更让他日渐疲惫的是，那些政敌又暗暗玩起了文字狱，使得他不能尽兴创作，下笔甚至还需改掉拟好的字句——他是个文人，文人拥有内心与现实两重世界，现实不如意且不提，如今他们竟又要摧垮他内心的世界了。

政治场依然容不下一颗太天真的灵魂，与高官应酬，还不如竹杖芒鞋与那些淳朴的农人一同避雨更快活，至少他信手写下的诗词，也不会被无数双眼睛紧紧盯着。

道尽坎坷 —— 109

苏轼：……开大号玩大宋online[1]真是太累了。

他决定请求外调。

元祐四年，苏轼如愿前往杭州担任太守，这是他第二次出任杭州。

当五十二岁的苏东坡再次走出城门时，汴京依然繁华，但他看到的景致已与年轻时截然不同。这一切，都让他无端想起了三十多年前的光景——依稀记得是父亲领着他与子由，两个青年，一同懵懵懂懂地来京城拜访欧阳大学士。

拜入欧阳修门下时，自己不过是个弱冠青年，恩师那时五十岁，鬓发皆白，谈笑洪亮。光阴如梦，辗转至今，自己的年纪竟比当年的恩师还大两岁。

走在街市，众人相送，苏轼的目光却绕过那些崇拜的追随者，落在一个紧张的青衫少年身上。此刻，少年正眼神明亮地张望着这边，大抵在幻想位极人臣的风光吧。

浮名浮利，虚苦劳神。叹隙中驹，石中火，梦中身。[2]

他忽然有些想念父亲了。原来人这一辈子都是兜兜转转，少年时憧憬立业，真正立业后，却又想变回那个无忧无虑的少年。

好在，经乌台诗案一劫，他早已找到了回归初心的法子。

便朝着那"也无风雨也无晴"的境界，策马归去罢！

收到星海传讯一则，请扫描此处，查收遗漏讯息。

---

1 是指联网游戏，这里是一种比喻。
2 出自苏轼《行香子·述怀》。

定州

DINGZHOU

世事无常

SHISHI WUCHANG

只喜浮生百味

文/拂罗

SHISHIWUCHANG

杭州。

苏轼记得，自己第一次出任杭州才三十四岁，正是最清秀风雅的好年华，走在西子湖畔，常常引得少年少女争先地瞧。如今再来，竟已成了五十二岁的白发老人。

再来杭州，目光所及已不似仁宗年代那般繁华，这里刚刚经历大旱，又雪上加霜传开了一场可怕的瘟疫，沿途可见饥民与乞儿，百姓过得十分苦楚。

眼下，苏轼已经来到杭州整整一年半，这期间他忙于公务，甚至从未捧起过自己最爱的书卷来读一读。让他欣慰的是，他的许多措施方案都取得了成效：

他想方设法降低米价，让官吏沿街施粥施汤药；他自掏腰包捐款建"安乐坊"，这也几乎是最早的一所公共医院，后来在三年内救治了上千人；最著名的事迹是，他在西湖修建了长堤，后来也被称作"苏公堤"。

哪怕政策损害了某些官员的利益，受到层层阻碍，但只要能为百姓谋利，苏轼便不在乎这些。

当时各州的百姓都知道，苏公治理的一大特点在于，他总能以百姓的角度，考虑到其他大官所疏忽的地方。例如，当时杭州许多建筑都年久失修，倒塌伤人，在听说一家四口全都惨死于屋舍倒塌的悲剧时，苏轼震惊不已，立刻想办法上奏给皇太后，请求朝廷拨款来修缮房屋。

杭州城内皆传苏公之名。

其实，苏轼并不觉得自己有多伟大，他只是觉得：既然穿上这身官袍，便要为百姓着想，这也是父亲和爷爷教导过他们兄弟的道理，幼年良好的熏陶足以影响此生。后来长子苏迈也当了官，苏轼便也如此要求他，并且对苏迈的表现很满意，在信中对朋友陈季常炫耀过"长子迈作吏，颇有父风"。[1]

某天，有个赶考的老书生因欺诈罪被捕，被押到苏轼面前。他随身携带那两件行李，竟冒充是苏东坡寄给苏子由的——就在高太后执政后，苏辙也和哥哥一同获得重用，入朝当了礼部尚书，如今就在京城。

苏轼疑惑地问："这里面装的是什么？"

老书生吓得面色发白，颤声道："实在对不住学士，乡人赠学生两百匹绸子充

---

[1] 出自苏轼《答陈季常书》。

当盘缠，这些东西一路上要由官吏层层抽税，到京城时只怕已不剩多少。学生想到苏氏两位大人仁慈宽厚，便斗胆借用了您二人的名字……"

苏轼心中了然，温和地将他搀起，提笔在行李上写了自己的名字，并且给子由写了封信："老前辈，您放心吧，就算他们把你抓到天子面前，这落款也能保您平安。来年若考中可别忘了我啊！"

后来那位老书生果然考中，特意写了信感谢苏轼的恩德，苏轼对此十分欣喜。

如此三年，杭州又渐渐恢复了昔日的安宁与繁华，苏轼在这里过得很从容，批阅公文后常常沿西湖散步，脱下官袍，打扮与百姓无异，常常引得杭州父老敬看。此时正是元祐六年，他手头还有许多政策没有施行，回朝的命令却已抵达了杭州。

苏轼在百姓送别声中上马离开了，回到京城，百官对他依然不友好。原来高太后此时已将苏辙提拔到尚书右丞的位置，如今又召回苏轼，这让各党官员都深感不安，生怕苏家兄弟合作权倾朝野。

于是，当五十四岁的苏轼回到汴京时，他又听到了熟悉的流言蜚语，好在这次有子由迎接。两个两鬓斑白的老人苦笑着紧紧拥抱在一起，随即商量："树大招风，这样易招致祸端，不如一人留在京城，一人请求外调好了。"

苏辙："哥，以你的才华应该留在京城才是。"

弟弟自幼就内敛而谦让，比起他这个直爽天真的哥哥，有时简直更像个沉稳的兄长，为了哥哥，他永远都愿意后退一步，跟随在侧。这一点，让苏轼想起他们年少的时候，姐姐八娘还在世，他总是领着弟弟和姐姐在大院里爬树捉鸟。

如今，弟弟澄澈的目光，分明与少年时别无二般。但苏轼这次只是握着弟弟的手，微笑摇头，然后毅然上书请求皇帝将自己外调——此时此刻，他只想尽快离开这权力场的中心，继续去各州与百姓结伴。

之后三年里，他如愿调任去颍州与扬州，随后又来到定州，继续过上了"哪里需要哪里搬"的太守生活。

日子似乎过得很快，快到让苏轼感觉置身幻梦，转眼他已站在元祐八年的秋色里，听见满城低泣的声音。这年，他接连失去了两个对自己恩重如山的女性，一个是远在京城的高太后，一个是常伴身侧的妻子王闰之。

道尽坎坷 —— 113

经历二十多年最困苦的奔波，闰之的身体早就不如往日，时常卧床咳嗽，这让苏轼想起一生中经历的诸多至亲离别——如今这厄运又要降临在我头上了吗？他在病榻前耐心照顾着妻子，悲戚地想着。

闰之在八月撒手人间，与九月去世的太后仅差一月，或许她们是结伴去往超然之境了吧，不知闰之是否会遇到她早逝的姐姐阿弗？到知天命的年纪，苏轼其实已不再惧怕死亡，他只是担心她：她在天上是否会着凉？闰之与阿弗是否会偶尔化作清风，回来看看年过半百的自己？

苏轼预料到，高太后去世，想必京城那边又要掀起一番风云了。

果然，仅仅过了一年，新丞相上位，苏家兄弟便在他的安排下遭到迫害，苏轼被贬到惠州，苏辙也被发配高安，两兄弟又开始了颠颠簸簸的飘零生涯，比两兄弟更惨的是那批旧党老臣，许多人都年老体衰，死于流放途中。

而这位心狠手辣的新丞相，苏轼每次想到他的名字，都会有种物是人非的蹉跎：

他就是章惇，曾经"乌台诗案"中为苏轼挺身而出的好友，流放黄州时苏轼还曾给他写信——"一旦有患难，无复有相哀者。惟子厚平居遗我以药石，及困急又有以收恤之，真与世俗异矣。"[1]

二人很久以前就相识了。

那时章惇还是个翩翩青年，初到京城试诗才，与自己一见如故。

曾经，两个青年才俊在月下饮酒，花中漫步，他们举杯对彼此谈理想、谈抱负、谈未来功成名就后的美好生活，享受着属于自己的大好年华。苏轼记得，章惇曾殷切地握着自己的手约定："他日扁舟约来往，共将诗酒狎樵渔。"[2]

那时，他从章惇的眼睛里看见了熠熠的光，也从中看到了同样神采奕奕的自己。

有日，苏轼从外面进屋来，见章惇正懒洋洋地袒腹躺在床上，章惇笑问："子瞻，你猜我这肚子里有什么东西？"

青年苏轼大大咧咧，随口戏谑："都是谋反的家事！"

章惇听完哈哈大笑，知道他这位才高八斗的朋友最爱开玩笑，所以并不当回事。

---

1 出自苏轼《与章子厚书》。
2 出自章惇《寄苏子瞻》。

可能测试挚友的一大标准就是：你与我的聊天记录要是哪天曝光，恐怕我俩都得进局子。

几十年后的苏轼抚着花白的胡须，再忆当年事，脑海里浮现的全是曾经的欢笑声。若换作青年的自己遭遇背叛，恐怕会愤慨不已，非要讨个说法才罢休，可如今他已经在人世间活了足够久，知道月尚有阴晴圆缺的改变，何况人呢？

章惇性子里本就隐隐带有一种锐气，当少年气被人情场消磨，那么剩下的也只能是尖锐的狠毒了。

那年，自己去凤翔府做官，章惇则是商州令，两人常常结伴同游，苏轼还常常对章惇抱怨起老头儿的严厉。有次他们去潭书壁散步，路遇横木架桥，见下方是万丈绝壁，苏轼害怕不敢过，章惇则笑他胆小，毫不犹豫地快步走过去，还在石壁上挥毫写下："章惇苏轼来游。"

苏轼望着神情满不在乎的好友，内心涌起一种难言的感觉，回去的路上，他笑着拍拍章惇的背："以后你肯定能杀人。"

章惇："子瞻何出此言？"

苏轼一本正经答："连自己的性命都不在乎，更何况是别人的命呢？"

章惇笑而不言。[1]

回望至今二人处境，如今竟算是一语成谶了。神宗死后，高太后重用旧党，作为新党的章惇无疑遭到了灭顶之灾。苏轼平步青云的时候，也正是他最落魄的时候：被逐出京城，流放汝州，年迈父亲的去世又给了他重重的打击。

服丧中的章惇踉踉跄跄走在贬谪路上，无法接受今昔非比的落差，他狠狠一回头，遥望京城——自己的毕生好友竟追随别党，并且混得风生水起！苏轼有什么了不起的？！他的内心，不禁悄然滋生出漆黑的藤蔓，紧紧缚住了少年时自己的光影，将其"咔嚓"一声扼得粉碎。

---

[1]《宋史·章惇传》：惇豪俊，博学善文。进士登名，耻出侄衡下，委敕而出。再举甲科，调商洛令。与苏轼游南山，抵仙游潭，潭下临绝壁万仞，横木其上，惇揖轼书壁，轼惧不敢书。惇平步过之，垂索挽树，摄衣而下，以漆墨濡笔大书石壁曰："苏轼、章惇来。"既还，神彩不动，轼拊其背曰："君他日必能杀人。"惇曰："何也？"轼曰："能自判命者，能杀人也。"

章惇：已黑化。

从此，他不再理会苏轼，并发誓要让他体会到更凄苦的感受。

机会很快就来了。高太后逝世，年轻的哲宗对她其实积怨已久，在掌权后，他火速启用了新党大臣，并在宰相章惇的建议下将旧党一同打压查办，足有几百人受到波及，也称"元祐党祸"。

苏轼成了贬谪到广东高山大庾岭以南的第一人，那里也称岭南，包括惠州，也包括被称作海南的儋州。

此时的苏轼已经五十七岁，他拖着年老的身体翻山越岭，来到惠州，再回望京师的方向，那千重山万重水，遥远得好似隔了一辈子那么久。好在有临行前弟弟赠自己的盘缠，不至于过得太辛苦，当地的县令也对他格外敬重，特意将官舍腾出来给苏轼住——不料章惇在知道之后，大为恼火，立刻下令把苏轼逐出官舍，还把县令革了职。

一时间，无人敢租房子给苏轼住。

苏轼知道其中缘由，如今的他已不会再去怨恨谁，只是无奈笑笑，提笔写下"中原北望无归日，邻火村春自往还"[1]，并在嘉祐寺住下。有一日，苏轼散步到松风亭下，年迈的双腿感觉发酸，他抬头看看松风亭，不禁想：这么高，如何才能爬上去休息呢？

想了一会儿，料峭的风吹来，苏轼的内心也随之一振，顿悟：这里难道不能休息吗？为何非要去那亭中呢？想通这点，内心的某种执着便轻飘飘放下了，苏轼觉得，自己如同挂钩的鱼儿突然得到解脱一般，全身舒畅，十分快意。

回寺后，他便提笔写了一篇《记游松风亭》：

余尝寓居惠州嘉祐寺，纵步松风亭下。足力疲乏，思欲就亭止息。望亭宇尚在木末，意谓是如何得到？良久，忽曰："此间有甚么歇不得处？"由是如挂钩之鱼，忽得解脱。若人悟此，虽兵阵相接，鼓声如雷霆，进则死敌，退则死法，当怎么时也不妨熟歇。

不久后，令苏轼悲伤的是，搬入惠州这两年多，与他不离不弃的王朝云身体也每况愈下，经不住这里酷热的天气，最终依依不舍地松开苏轼的手，离开人间。

闭上眼，脑海浮现的全是朝云在世的模样。苏轼想起，有次饭后散步，自己指

---

[1] 出自《白鹤峰新居欲成夜过两邻翟秀才》。

着腹部笑问下人们："你们知道这里面都装着什么吗？"

有人说："学士腹中全是文章。"

苏轼摇头。

还有人说："明明满腹都是见识才对。"

苏轼又摇摇头。

王朝云微笑着开口："学士这是装了一肚子的不合时宜啊。"[1]

苏轼大笑："知我者唯有朝云也！"

屡遭贬谪，不正是因为装了满腹不合时宜的直率？

王弗、王闰之、王朝云，在他生命中不可磨灭的红颜知己，转瞬间竟纷纷离他而去了，而当年那个清俊风流的才子，也变得两鬓斑白，拄拐孤立，眺望斜阳。

往后的余生中，苏轼身边再没有一位佳人相伴。

但长久的凄苦不是苏轼的作风，他小心而妥帖地将三位亡人的光影都深深镌刻在心中，然后继续寻找生活中的趣味。斯人已逝，以她们的性格，若看着他这个活人整日垂泪不振，只怕是要纷纷取笑自己了。

好好活着，才是对逝者最好的交代。

苏轼很快在惠州找到了新鲜玩意：好吃的。

荔枝的美味自然是不消说。荔枝熟了，他特意写"日啖荔枝三百颗，不妨长作岭南人"[2]来大力赞扬它的好吃，荔枝没熟，他也急得写"荔子几时熟，花头今已繁"[3]，意思就是："荔枝啊荔枝你啥时候熟啊，我口水都要流下来了……"

他还给子由写信，说自己发明了美味的烤羊脊，并推荐了料理方法——"骨间亦有微肉，熟煮热漉出不乘热出，则抱水不干。渍酒中，点薄盐炙微燋食之。终日抉剔，得铢两于肯綮之间，意甚喜之，如食蟹螯"。

苏轼得意叉腰："子由，跟你讲，我烤的羊脊真是绝了，简直连骨头都能吃下去！"

---

[1]《梁溪漫志》：东坡一日退朝，食罢，扪腹徐行，顾谓侍儿曰："汝辈且道，是中何物？"一婢遽曰："都是文章。"坡不以为然，又一人曰："满腹都是识见。"坡亦未以为当。至朝云乃曰："学士一肚皮不合时宜。"坡捧腹大笑。
[2] 出自苏轼《惠州一绝》，"不妨"又作"不辞"。
[3] 出自苏轼《新年五首·其五》。

饭桌下的大黄狗：目光幽幽。[1]

和眼前这位人类抢食儿是没有胜算的，毕竟那可是冒死吃完河豚后摔筷高呼"死也值了"的人物啊……

除此之外，最让苏轼开心的发现莫过于桂酒了，甜香又不易上头，他乐得四处写信炫耀此酒的美味。原来，惠州这个地方没有专门的地方卖酒，各家都是自己酿酒，这让嗜酒的苏轼雀跃得像个孩子，立刻开始满头大汗地跟着酿酒。

苏轼："我可是个酿酒高手啊，在定州时就酿过橘子酒和松酒，可好喝了！"

事后据苏家儿子爆料：哦，你说我爹在惠州酿酒的事儿啊？他也就试了一次而已……

黄州某不愿透露姓名的好友：苏大学士酿的酒，每次喝完就腹泻，慎喝。[2]

在惠州，苏轼还向太守安利了一种插秧用的东西：浮马。那是他在黄州时见过的农具，农民可以坐在上面如乘小船一样快速插秧，而不必累得腰酸背痛，蹚水而行。

如今的苏轼官职低微，与惠州任何平民百姓无异，他十分享受这种类似白居易"大隐住朝市"的生活境界，况且，他与各太守都往来和睦，经常喝酒吟诗，可以时不时提个为民生着想的意见，例如修桥、安葬荒郊的骸骨等。

他依然过得很快乐，在春风里睡觉，在冬雪中垂钓。

这种快乐是远在朝堂的章惇所不能理解的，苏轼每篇作品传入他的手中，都让他恨不得将其攥成一团废纸。

章惇深吸一口气，很快做出了新的决定："把苏轼给我贬到更远的地方，让他滚去儋州！我就不信他这次还能活着回来！"

绍圣四年，就在苏轼在惠州的新居即将落成之时，他又接到了这一封更残酷的

....

1 《与子由弟书》：惠州市井寥落，然犹日杀一羊。不敢与仕者挣。买时嘱屠者，买其脊骨耳。骨间亦有微肉，熟煮热漉出不乘热出，则抱水不干。渍酒中，点薄盐炙微燋食之。终日抉剔，得铢两于肯綮之间，意甚喜之，如食蟹螯。率数日辄一食，甚觉有补。子由三年食堂庖，所食刍豢，没齿而不得骨，岂复知此味乎？戏书此纸遗之，虽戏语，实可施用也。然此说行，则众狗不悦矣。

2 《避暑录话》：苏子瞻在黄州作蜜酒，不甚佳。饮者辄暴下，蜜水腐败者尔。尝一试之，后不复作。在惠州作桂酒，尝问其子迈、过，云亦一试而止，大抵气味似屠苏酒。

命令：跨越琼州海峡去儋州吧！

其实这已同满门抄斩差不多，苏轼此时已六十二岁，要将他驱逐到那片尚未接受汉化的蛮荒之地，必定凶多吉少。章惇之意，无疑是想让旧日好友凄苦地客死他乡。

这次能随父同行的只有小儿子苏过。

年迈的苏轼接过这一纸调令，只是极淡地笑了笑："四海何处不是家呢？阿弗，闰之，朝云，怕是要麻烦你们捎来清风，送我那渡海的扁舟一程喽。"

就在此时，苏辙也遭到贬谪，来到南方，听闻哥哥竟被流放至蛮荒之地的噩耗，他连忙赶到藤州与苏轼会合。

两人在路边一家小饭馆吃面条，味道并不好，子由心中惆怅，食不下咽，放下筷子连声叹息，却见哥哥美滋滋地将那些粗劣的面条吃了个干净，还逗他："老弟啊，难道你还在细嚼慢咽吗？"

说罢，苏轼大笑起身，神态潇洒。[1]

跟在哥哥身后，望着他的背影，苏辙感到恍惚，他想到几十年前父亲健在时，自己便是这样跟在兄长身后，哥哥去哪儿，他就去哪儿……如今他依然跟在哥哥的身后，仿佛还要跟去爬树摘那果子分着吃。

年迈的眼蓄起泪水，有些模糊，苏辙仿佛看到了儿时大院里的果树，他惊喜出声："哥，咱们这次去哪儿……"

面前那个爽朗风流的少年笑着回身："子由，怎么啦？"

"子由，怎么啦？"

……

苏辙用力揉了揉眼，一声同样的呼唤传入他耳中，那是不再年轻的哥哥，正笑吟吟地朝着他望过来："你还没睡醒吗？咱们要去雷州了，再慢些走吧，到那里，我就要坐船离开你了。"

"慢些走，"苏轼牵起弟弟的袖子，轻声重复，"再慢些走吧。"

两位老人互相搀扶着慢慢向前走，有一对嬉笑奔跑的兄弟手牵着手，迅速地从他们身边溜走了，孩童清朗如雁过的笑声，也渐渐消失在黄土道尽头。

----
[1] 出自陆游《老学庵笔记》。

不久后，苏辙站在码头，望着那船渐行渐远。

哥，这次一别，咱们兄弟，真的还能再见面吗？

此时此刻，其实这也是苏轼心中所念，他拄着拐杖登临甲板眺望海岸，只觉得那海广阔得没有尽头。随即，他想起自己临走之前给友人写的句子：某垂老投荒，无复生还之望，春与长子迈诀，已处置后事矣。今到海南，首当作棺，次便作墓，乃留手疏与诸子，死即葬于海外，生不契棺，死不扶柩，此亦东坡之家风也。[1]

这其实就是他的遗言了。

他忽而听到大雁哀鸣，抬头望去，果然是少年时见过的那一行归雁，如今兜兜转转又飞回到他的生命里了。它们翅挨翅，一声接一声地呼唤着亲朋好友，随着海风朝海平面尽头的方向展翅飞去……向南，再向南，在大宋最南方，无人知道那里还有什么等待着自己。

黯然销魂者，唯别而已矣。[2]

年迈的苏轼预感到，自己作为苏东坡的人生正在徐徐落幕，海面尽头浮起岛屿苍郁的轮廓，他正感伤着缓缓深吸一口气，却在海风里嗅到一丝新奇的味道。在海边，他看见许多渔民正热火朝天地撒网，也听清他们兴高采烈的吆喝——

欣慰的笑意再次挂上苏轼的嘴角，这鲜活的人间气儿，让他一点点地期待起来了。他旋即想起了在黄州时作的诗，"小舟从此逝，江海寄余生"[3]，如今岂不就正好实现了这个愿望吗？

在这里，会有什么浮生百味在等待自己呢？

....
1 出自苏轼《答王敏仲书》。
2 出自江淹《别赋》。
3 出自苏轼《临江仙》。

归去

原来人间

已过百年

YUANLAI RENJIAN

文 / 拂罗

YUANLAIRENJIAN

元符三年，儋州。

苏轼已在这里居住了三年，早习惯了自岛屿吹来的酷热海风，眼下他正与苏过坐在烤炉边，与黎族乡民一同烤吃生蚝，滋滋的油光与爆香都让他感到十分惬意。

在宋人眼中，儋州是片萧条恐怖的蛮荒之地，不仅毒物横行、瘴气肆虐，更有许多与汉人作对的黎族。这里气候炎热，米面需靠粮船运来，许多汉人都因水土不服而发病。

在章惇与一众新党眼中，年迈的苏轼此行渡海，无疑也过上了这种凄苦生活。但他们毕竟身在繁华的汴京，并未亲自来岛上瞧瞧——倘若章惇真的来了，恐怕刚下船就要被苏轼气个半死：好你个老头儿，正和那些黎族人一起欢歌跳舞、烤生蚝吃呢！

虽然初到之时免不了惆怅，但久而久之，苏轼已将儋州当作自己的另一片故乡。

"此间食无肉，病无药，居无室，出无友，冬无炭，夏无寒泉，然亦未易悉数，大率皆无耳"[1]是他初来乍到后的真实写照。儋州湿气极重，对一个久经颠簸的老人来讲几乎是致命的，更要命的是，这里的百姓十分信奉巫蛊鬼神之法，每逢灾病都杀牛以求上天眷顾。

迷信不可取啊。

苏轼着实发了多日的愁，后来他一拍脑袋，觉得"办法总比困难多"，于是开始自己推行中药疗法，身体也慢慢好转了许多。

身在此地，远离所熟悉的一切，自然也有过无限凄然，但苏轼毕竟是苏轼，此时已无需费尽苦心解释他的乐观，因为但凡提到"苏东坡"，从古至今，后世人都会联想到一个乐观且潇洒、手持竹杖脚踏芒鞋的形象。他似农人，似学士；他似少年，似长者；他是清风雅乐，亦化作人间百态。

他也曾眺望无垠的海平面，凄凄想：何时才能离开这座岛呢？

过了一会儿，他转念又乐自己：天地都在积水之中，九州亦在大瀛海内，中国则在小海中，天地万物，难道不都在同一处诞生吗？

他甚至笑着给朋友讲了个故事：把一盆水倒在地上，草叶浮于水面，有只蚂蚁趴在草叶之上，满脸迷茫不知该如何渡过。少顷，水干了，蚂蚁下了叶片，终于遇

---

[1] 出自苏轼《与程秀才》。

到同类，于是大哭："我差点儿再也看不见你了！"——蚂蚁哪知一小会儿之后就会出现大道呢？这个故事足够我们笑一笑。[1]

由此可见，乐观，并非永不知哀愁为何物，而是历经苦难后仍能体会人间清欢，这是一种珍贵的少年气，只要心不老，少年便长存，永远年轻，永远仗剑天涯。

在儋州居住的第二年，恰逢上元夜，有几位老书生邀苏轼外出同游，苏轼欣然同意。他们结伴进城，见各族百姓混在一起其乐融融，卖酒卖肉者诸多，不禁让人沉醉于这种浓浓的烟火气中。归家已至三更天，见家人已鼾声如雷，苏轼便放下拐杖，想：我半夜出游虽快乐，却惹了一身疲惫，而他们半夜酣睡到天明，也很安逸，究竟谁得谁失呢？

想着想着，他忽然笑出声来。

苏过被吵醒，挠挠头："爹，你半夜三更笑什么？"

苏轼笑着摇头："我笑我自己，也笑那韩愈，他在一个地方没钓到鱼，就想去更远的地方，可他不知道，走到海边之人也不一定能钓得到大鱼啊。"

韩愈三十四岁时写过《赠侯喜》，借钓鱼感叹官场中的不如意，说自己到很浅的洛水钓鱼，从早到晚，好不容易才钓到一条一寸长的小鱼，十分扫兴。而苏轼正是笑他强求不得，自寻烦恼的"君欲钓鱼须远去，大鱼岂肯居沮洳"之句。

人生在世，何须自寻烦恼呢？[2]

在儋州，苏轼每日都静静立在黄昏中，看往来过路人，体会烟火味，有时也会有百姓来探望他，惊叹这位曾经平步青云的平民老人，真正见面竟如此和蔼可亲。

邻家童子欣喜地夸苏轼："苏公，你的脸色真红润，精神头真好！"

苏轼微微一笑，悠悠道出真相："我刚喝过酒，这是醉容。"

见苏轼继续抬眼凝望北方，小孩不敢再打扰，想象这位老人必定在思念着什么，如家乡，如朝堂，还有那些他猜不透的风云事……总之很高深就对了。

片刻后，苏轼望着海面，叹了口气。他在想，今晚吃啥呢？

唉，北方运粮的船还未到，转眼已有半月不知酒肉滋味了，腹中好生萧条。好

----

[1] 出自苏轼《试笔自书》。
[2] 出自苏轼《书上元夜游》。

在明天就是祭灶之日了，年岁末尾各家杀鸡宰羊，太好了，他们必定能容我蹭个饭吧。[1]

美食，确实是苏轼这辈子的一件大事，就算身在贫瘠的天涯海角，他也从未放弃过对美食的执着：蝙蝠、海胆、蛤蟆……总觉得画风怪怪的。在当地人赠他生蚝之后，苏轼终于开启了新世界大门，惊叹这玩意真是天上美味，他还特意给儿子写信：

儿砸，看爹在岛上找到了什么！

"己卯冬至前二日，海蛮献蠔，剖之，得数升肉。与浆入水，与酒并煮，食之甚美，未始有也。"[2]把蚝肉剖出与酒同煮，吃起来真是活久见的美味啊！活着真是太好了！

苏轼又想了想，赶紧添一句："每戒过子慎勿说，恐北方君子闻之，争欲为东坡所为，求谪海南，分我此美也。"

你小子可不要把生蚝的事儿说出去啊，我怕那些北方大官听说岛上还有如此美味，也争先恐后效仿我贬谪到海南来，过来跟我抢好吃的。

酒足饭饱之后，苏轼便出门和黎族人一起唱歌跳舞，还在炎炎烈日下顶着西瓜来回走，穿着庄稼汉的蓑衣，戴着斗笠，被乡里的妇孺笑话也毫不在乎。后来，见儋州缺笔墨，他就在家烧松脂来制作黑烟灰，自己制墨。

苏过：……跟你讲，我老爹那次差点儿把房子烧了。

除此之外，见此地教育水平落后，苏轼特地开办学堂，起名"载酒堂"，从此以后儋州便也有了不少学子，这里的第一位举人姜唐佐，便是苏东坡的得意门生。

苏轼将日子过得有滋有味，就在他觉得自己会终老此地的时候，北方的汴京城却再次经历了权力更迭：哲宗去世，徽宗继位，决定为众臣平反。

这就意味着，苏轼可以北归了。

苏轼还听说章惇倒了霉，他因公开反对赵佶继位，因说过"端王轻佻，不可以君天下"而被记恨，一贬再贬。所到之处，没有百姓愿意租房子给他，民间还流传着"大惇小惇，入地无门"的歌谣。

苏轼心里很坦然，并没有任何憎恨。

后来，章惇的儿子写信为父求援，语气小心翼翼，害怕被报复，而苏轼只是轻

---

[1] 出自苏轼《纵笔三首》。
[2] 出自苏轼《献蚝帖》。

轻叹了口气,温和地回信:"某与丞相定交四十余年,虽中间出处稍异,交情固无增损也。闻其高年寄迹海隅,此怀可知。但以往者更说何益,惟论其未然者而已。"

"我与你父亲相交四十多年,虽然中途发生了一些曲折,但无损我们的友情。如今我们都要向前走,种种往事多说无益,不妨谈谈未来的事情吧。"

回首向来萧瑟处,子厚,我们自年少相识相知,那年我曾遭遇乌台横祸,是你舍命相救,我都记着。

他是不在乎这些年的凄苦风雨吗？

无数贬谪途中辗转反侧的凄凉日子,苏轼也会遥望月色,一声长叹。

他是从头至尾都不曾嗟叹过人心易变吗？

无数与章惇擦肩而过的瞬间,苏轼望着对方由澄澈变为怨憎的眉眼,欲言却止。

他只是轻描淡写地将一切放下了。

百年之后,一位外国哲学家也曾写过类似的话:"为了自己,我必须饶恕你。一个人,不能永远在胸中养着一条毒蛇；不能夜夜起身,在灵魂的园子栽种荆棘。"

苏轼的灵魂将永远如少年般明澈干净,所以他去往哪里,都会如春风般吹起哪里的笑语欢声,无论是汴京的繁华云烟,还是杭州的西子湖畔,或是黄州、儋州这般的凄凉地,大宋,会因苏轼的诗词而永远鲜活。

如今,他要在儋州父老的低泣声中离开了,一路往北归,复职朝奉郎。临行之前,苏轼提笔为父老们留下《别海南黎民表》一诗：

我本海南民,寄生西蜀州。

忽然跨海去,譬如事远游。

平生生死梦,三者无劣优。

知君不再见,欲去且少留。

"我已年迈,一去恐怕永不能再见喽,诸位,保重！"离开之前,他不忘学生们的事,鼓励姜唐佐去参加科举考试,并赠对方一把题词的扇子,写上"沧海何曾断地脉,白袍端合破天荒",约定道:"改日等你登科,我再为你写完这首诗！"

姜唐佐望着年迈的老师,不禁鼻子一酸,深深点头:"学生到时一定来寻老师！"

归路茫茫。

道尽坎坷 —— 125

苏轼察觉到，自己的身子骨已大不如从前了。或许真的是大限将至了吧，最近深夜梦回，时常见到那些逝去的人：父亲与爷爷，八娘与王弗，还有闰之、朝云、恩师欧阳修与张方平……在梦里，王介甫骑在毛驴上的身影时常出现，在山坡上笑着朝自己招手。

唐佐那孩子在岛上有没有好好读书？可惜最后没能续完折扇之约，不过，子由尚在，他大抵会替自己续上一首吧……真想再见子由一面啊。

建中靖国元年的炎炎夏天，苏轼从海南回到常州，戴着小帽穿着背心，坐在徐行的船上入城，河岸两旁上万人追随苏学士，声音鼎沸不绝。他眨眨眼，笑着戏谑："你们啊，莫不是要看杀我？"[1]

苏轼终究没有再见到子由一面，也没能实现年少时"夜雨对床"的约定。

这年七月，阳光明媚的一天，六十六岁的苏轼坐在靠背椅上望天儿，听着鸟鸣，嗅着花香，常州如画的风景终于又徐徐在他眼前展开了。他感觉很满足，晃着椅背，闭上双眼，耳边又响起幼时大院里鸟雀叽叽喳喳的叫声——

"子由，快抓住它！"

"哥！它往你那边飞啦！姐，爹，你们快帮个忙……"

"小兔崽子，闲着无事抓鸟作甚？快快回屋读书，莫学你们那个二十多岁才开始学习的爹……等等，你这当爹的怎么也跟着捉起来了？！"

"哎呀，爹，别总拿以前的事儿跟孙子讲。"

人生，当真如逆旅啊。

苏轼闭着眼，任魂灵浮起，去了很远很远的汴京城，那里依然繁华无限，在如织的游人之中，他看见两个清秀少年正随父亲入城门，紧张地边走边看。眉目稍稚嫩的那个少年似乎感应到什么，抬头看天，忽然惊奇地拽住另一个少年的衣袖，指着这边：

"哥，你看！天上有一队鸿雁飞得好高啊——"

苏轼轻轻地笑。

---

1 《邵氏闻见后录》：东坡自海外归毗陵，病暑，着小冠，披半臂，坐船中。夹运河岸，千万人随观之。东坡顾坐客曰："莫看杀轼否？"其为人爱慕如此。

"子瞻，子瞻……"

他忽然听见前方响起诸多声音，朝流云间望去，原来是那些熟悉的人们，正朝他殷切地招着手，在清风里呼唤他的名字："子瞻，快来！"

苏轼依稀想起，自己曾对弟弟说过"吾上可陪玉皇大帝，下可陪卑田院乞儿。眼前见天下无一个不好人"。如今，这些亲切友善的好人们，正纷纷在这段旅途的尽头等待着自己。

原来，那些大雁自南方来，要遥遥一路朝北归，它们呼唤着志同道合的伙伴，舒展翅尖，划过流云，再尽情地俯瞰这大宋一次。

建中靖国元年七月，苏轼于北归途中病逝，合眼于他当年所愿的终老之地，常州。

苏轼这一生，恰如他给侄子总结的行文经验："大凡为文，当使气象峥嵘，五色绚烂。渐老渐熟，乃造平淡。"

回望此生，苏轼并不感到悲伤，他在眉州度过了无忧无虑的少年时代，于最好的年华遇到了一群最可爱的好友与恩师，中老年又得以与黎民苍生结伴同游，在各种地方结交了各样的人，还在大宋山河间品尝过无数的美食。细数人生幕幕，作为一个无可救药的乐天派，他过得很快乐。

"等等我，这就来——"

人生天地之间，若白驹过隙，忽然而已。

三年后，姜唐佐成为海南第一位举人，寻找恩师报喜，却听到苏公病逝的消息。后来，他辗转在汝阳找到仍在世的苏辙，将折扇之约细细说出，沉浸在丧兄悲痛中的苏辙伸出颤抖的手，缓缓接过那把折扇，看清哥哥的字迹，刹那间泪如雨下。

苏辙提笔将诗续完：

生长茅间有异芳，风流稷下古诸姜。

适从琼管鱼龙窟，秀出羊城翰墨场。

沧海何曾断地脉，白袍端合破天荒。

锦衣他日千人看，始信东坡眼目长。[1]

哥……你看见了吗？

---

1 出自《补子瞻赠姜唐佐秀才》，由苏轼、苏辙共同完成。

那个竹杖芒鞋，登临山巅，笑说这些轻胜马的吹风人已经走了，但曾拂过他袖袍的清风不会停留。它会一直拂过眉州，拂过汴京，拂过密州、黄州与杭州，哪怕终有一日我们都离开了，那风，也会与万古的明月相拥，吹过所有它所热爱的地方。

十一年后，政和二年，苏辙逝世，那时距离"靖康耻"还有十多年，江山已于风雨飘摇中动荡。他在寒冷的十月垂老逝世，葬在他哥哥的墓旁，就像是要跋涉过漫漫孤独的寒冬，去拥抱七月盛夏的暖阳。

就像是，跋涉过一场生与死，去拥抱他的哥哥。

在他们离去的十四年后，这片故土接连经历了靖康耻，经历了汴京沦陷，经历了衣冠南渡……另一阵清风，就在那被称为南宋的时代诞生了，他就是陆游。他也曾漫步于眉州中岩寺，从前人传记里听到苏轼与王弗的爱情传说，笑慨一声："春枕悠然梦何许，两枝筇杖唤鱼潭。"[1]

岁月之中，陆游拄杖的身影也渐行渐远，隐入眉州烟雨，而历史的烟尘还会继续向前，携着风吹过一阵又一阵。

有些人早已故去，但他的名字会化作一个鲜活的符号，一声响亮的长笑，永远铿锵回荡在诗文之间，震醒白纸黑字背后的活力与生机。后世一代代的人们，只要提起他的名字，嘴角便不禁扬起如东坡在世般的笑容。

原来那阵自由的清风仍在大地上徐徐地吹，从未停过。

转眼，这世间又过百年，星辰流转，换了人间。

星图碎片收集进度85%，请扫描此处，查收苏轼-星海留音。

---

[1] 出自陆游《寄径山印禅师》。

关于被贬之后成为种田文男主这件事

文/顾闪闪

"贬谪"是诗词永恒的主题。

几乎所有文人都对此抒发过感慨，但首先我们要申明，苏东坡的被贬从根上，就和李白、杜甫这些文人的经历不太一样。

李杜的经典作品中，也总是出现壮志难酬的字眼，但他们到底能不能做官，政治能力如何，因为没有实践证明，这里也只能打个问号——我们不把话说绝，但至少当时的玄宗皇帝和当时的朝廷，都没有将李白、杜甫当作国士来看待。

李白虽然官至供奉翰林，得圣人亲手调羹，又有贵妃研墨、力士脱靴种种传说，十分风光，但他自己心里也知道，这些都是文艺工作者的福利，唐玄宗压根没打算让他插手政务。

但苏轼不一样，他的政治才能是得到过宋朝仁宗、神宗、哲宗三代皇帝肯定的。

他二十一岁参加科举考试，离夺魁只有一步之遥，守完母丧后，又去参加朝廷的制科考试，成绩为大宋朝"百年第一"。当时仁宗读了苏轼和苏辙的策论，兴奋地说："朕今日为子孙得两宰相矣！"没错，就是这么狂劲。

即便后来乌台诗案爆发，朝中大臣玩了命地"黑"苏轼，拿着他的一句歌咏桧树的"根到九泉无曲处，世间唯有蛰龙知"[1]大做文章，说他有谋反不臣之心。这么大的罪名，宋神宗罚是罚了，也没有真要他的命，而是只用一句"彼自咏桧，何预朕事？"（他咏他的桧树，关朕什么事？）给挡了回去。

可以说，当时的朝廷就是把苏轼作为和王安石、司马光一样的"准政治人才"来看待、重视并培养的。

而苏轼本人呢，也有着极强的政治素养和报国决心。

就像上面说的，他在青年时代就已经对治国有一番独到的见解，并且这见解是高出同龄人甚至同时代人许多的。即便后来被派到地方，他也始终能有所作为，在徐州治理洪水，在杭州修筑堤坝，还在当地疫情暴发时修建了"病坊"，类似于现在的"方舱医院"，这在当时的中国传染病防疫史上是前所未有的，即便到了今天，我们也能感受到他的明智和远见。

可以说，苏轼的入仕，其实本该是治世能臣和北宋朝廷的双向奔赴，但二者因为命运无常和朋党之争失之交臂，遗憾地错过了。

恨不恨啊！这才是真正的壮志难酬，怀才不遇。

我要是苏轼，我遗憾得觉都睡不着。但苏轼的了不起之处这时候就显现出来了，站在命运的刑场上，面对雪亮的铡刀，苏轼摆出了穿书文男主的昂扬姿态——你不是想让《苏轼从政记》以 BE（坏结局）收场吗？我就非要给你写个续，书名就叫《黄州弃臣：东坡堂前好种田》。

乌台诗案后，苏轼被贬黄州，当时朝廷给他封了个官叫"黄州团练副使"，听着挺响亮的，但实际上一没俸禄，二没职权，三没住所，换句话说就是个"犯官"。

大家注意这个开场，就很有种田文开头那味儿了。苏轼九死一生，刚从监狱里出来，又经历了旅途的奔波，带着二十几口人，好不容易抵达黄州，却连个歇脚的地方都没有。黄州位于现在的湖北，这地界闷热潮湿，下起雨来那是真正的"无片

---

[1] 出自苏轼《王复秀才所居双桧》。

瓦遮头"。苏轼摸了摸钱袋里仅剩的半年工资,想到未来的日子,也有点傻眼,无法,只得先借宿在山间一所名叫"定慧院"的古刹中。在这里,他创作了著名的《卜算子·黄州定慧院寓居作》:

缺月挂疏桐,漏断人初静。谁见幽人独往来,缥缈孤鸿影。

惊起却回头,有恨无人省。拣尽寒枝不肯栖,寂寞沙洲冷。

缺月疏桐,凄清月色,唯有缥缈孤鸿为伴,满心怨恨只能独自品尝。"月明星稀,乌鹊南飞。绕树三匝,何枝可依?"在这世间求生存,谁人不希望有根枝条可以依傍,面对如此窘境,苏轼也有点 emo[1],但你想乘人之危,随手抛个"橄榄枝"过去,说"苏轼快到碗里来,我喜欢你的诗好久了",苏轼也一定毅然决然对你说"不"!

这就是苏·高岭之花·轼,一个可以打压但无法征服的男人,便如这孤鸿般,在茫茫夜色中拣尽了寒枝,也不肯栖息,甘愿忍受沙洲的孤单寂寞冷。

黄庭坚评价这首词,说其"似非吃烟火食人语,非胸中有万卷书,笔下无一点尘俗气,孰能至此!"

苏轼:谢谢,饭饭,饿饿!

虽然很感谢黄庭坚的盛赞,但苏轼在定慧院饿得小脸儿发绿,无疑是做梦都想整顿"烟火食"吃一吃。这时候好人缘的优势就显现出来了——苏轼的忠实粉丝马梦得闻讯火速赶来,当场就给偶像刷了个基础大礼包,点开一看,正是他专门向当地官署为苏轼求取的几十亩荒地。

但这地荒到什么程度呢?

地既久荒,为茨棘瓦砾之场,而岁又大旱,垦辟之劳,筋力殆尽。[2]

土地荒芜太久,上面长满了各种荆棘野草,还堆满了碎石瓦砾,活脱脱一片垃圾场。那年又赶上大旱,光是把它开垦出来,苏轼一家就已是筋疲力尽,要指望它长出庄稼,用苏东坡自己的话说,堪比"在龟背上刮毛",难啊!

马梦得也怪不好意思的,感觉这礼物不如不送,没能让苏轼过得更滋润,反倒给人家添堵。

---

[1] emotional 的缩写,此处用了网络释义,指悲伤、伤感。
[2] 出自《东坡八首(并叙)》。

但苏轼怎么说，他拍拍老马肩膀，慨然道：

荒田虽浪莽，高庳各有适。

下隰种粳稌，东原莳枣栗。

江南有蜀士，桑果已许乞。

好竹不难栽，但恐鞭横逸。

仍须卜佳处，规以安我室。

家僮烧枯草，走报暗井出。

一饱未敢期，瓢饮已可必。[1]

老马你讲这话就见外了，你看这地荒是荒了点，但根据我对农业的研究，收成好不好，主要看怎么种。我们在低洼潮湿的地方种上稻谷，在田地东边种上枣和栗子，再因地制宜种点桑树和果树，设想一下，是不是充满了希望？

不仅如此，我还要栽上我最喜欢的竹子。竹子这种植物容易活，我反倒怕竹根蔓延出去，长得一发不可收拾。至于我们的房屋建在哪儿？稍等，这我还要再占卜一下。

再告诉你个好消息，刚刚仆僮去烧枯草的时候，发现了一口井，你说幸不幸运？虽然饭还没吃到肚子里去，不过至少可以喝水喝个饱了！

马梦得：我老马活了大半辈子，还从没见过心这么大的人。

实际上，文人转行种地不是那么容易的。

握笔杆子的手拿起锄头，苏轼也遇到了许多困境，但因为他做官时为人清正，又亲和没架子，在百姓之间名声很好，许多当地的农民都来帮助他。其中有一件事，让苏轼的心情特别愉快，他便写了首诗，将经过记录下来：

良农惜地力，幸此十年荒。

桑柘未及成，一麦庶可望。

投种未逾月，覆块已苍苍。

农父告我言，勿使苗叶昌。

---

[1] 出自《东坡八首》。

君欲富饼饵，要须纵牛羊。

再拜谢苦言，得饱不敢忘。[1]

大意就是，今天有位农民伯伯告诉我，土地荒得久也有好处，会变得格外肥沃！我坐在田埂上，虽然桑柘还没有结果，但我好像已经看见秋天粮食丰收的景象了。越想越觉得这话有道理，不信请看我的这片地，撒种还没到一个月，已经长满了绿油油的幼苗。

不过农民伯伯又说，不能放任苗叶长得太茂盛，要想收成好，务必得放牛羊去间苗。这些都是种田的智慧，我要拿小本本记下来，等哪天吃饱了饭，也不会忘了这份恩情。

果然，土地也没有亏待苏轼。种下的种子在清明雨水的滋养下茁壮成长，等到秋霜来时，沉重的麦穗已经"颠倒相撑住"，苏轼迫不及待将新米舂好入甑，期待来年能酿成一坛美酒。他甚至还琢磨着要在院里栽点茶树，用于消食解腻，和老僧讨了种子，还不忘吐槽自己"饥寒未知免，以作太饱计"。[2] 苏轼呀苏轼，你连能不能糊口都还是未知数呢，却已经开始设想吃太饱后的事情了！

同时，苏轼在东坡建的小屋"雪堂"也落成了。之所以取"雪"字，是因为建房的那日，黄州下了场特别大的雪，整座房子几乎就是在雪中盖好的。顶风冒雪干活，本来是件再辛苦不过的事，但苏轼觉得雪之高洁，与自己的天性恰好契合，仿佛冥冥之中上天的安排，不由得暗叹，这真是最理想的住所了。生怕别人不知道这件事，他还挥毫在堂屋的四壁都画满了雪花，逢人就显摆：怎么样？我的小房子很酷吧？

那些人挖空心思，把苏轼排挤到黄州来，不就是希望看他生活潦倒，颠沛流离，最好能郁郁而终吗？那他就偏要吃饱睡好，活出个样子来！

衣食问题解决了，苏轼又有了新烦恼。

他曾说："吾上可陪玉皇大帝，下可陪卑田院乞儿，眼前见天下无一个不好人。"我，苏轼，社交狂躁分子，天不怕地不怕，就怕没人陪我说闲话。

---

1 出自《东坡八首》。
2 出自《问大冶长老乞桃花茶栽东坡》。

道尽坎坷

苏轼酷爱交友，家中"设一日无客，则歉然若有疾"，没有朋友上门，他就寂寞到要犯病挠墙。而黄州这个地方，和东京城大不一样，这里既没有能吟诗作画的同好，也没有能谈佛论道的知音，身边都是些不识字的村民。苏轼想和他们谈"咏梅"，他们扯着嗓子说"施肥"，骑马跑一天都看不见一家书店，更不要说秦楼楚馆，苏轼要被憋疯了。他在和朋友的信中抱怨："黄州真在井底！"[1]

环境是不变的，苏轼决定改变自己，首先做的，便是拉近自己与邻居之间的距离。大宋社交，从听八卦开始，苏轼每天干完活了，就敞开门窗探出头去，听听邻居们都在聊啥。被人家发现了，他也不脸红，反而自来熟地搭话："说啊，怎么不讲了？我还等着听呢，咱们邻里之间不用这么见外。第一次见面怎么了？有什么八卦一块分享呗。哎哎，别走啊？你们是不是烦我了？烦我也没关系，多见几面大家不就亲热了吗？"

邻里有异趣，何妨倾盖新。

殊方君莫厌，数面自成亲。[2]

在家门口交友他还嫌不够，苏轼又爱上了游山玩水，黄州每一寸土地上都曾留下过他的足迹。遇到秀才僧道他聊，遇到樵夫艄公他也聊，天大地大，总会遇到几个社恐，见苏轼来了结结巴巴道："我没读过书，实在和您这大文豪没什么可聊的。"

苏轼便紧紧挽住人家的胳膊，道："不要紧，没读过书也总会讲几个鬼故事吧，走我们找个地方唠十文钱的！"

真是东坡过处，哑巴开口，后来苏轼还根据这些听来的见闻撰写了一本奇书《东坡志林》，里面有挺多好玩的鬼故事，可以去看看。

在苏轼的不懈努力下，他很快知道了，住在村东的潘丙是个屡试不第的书生，但现在已经无心考试了，靠卖酒为生；村西那个姓郭的年轻人，本是名将郭子仪的后代，家里开了间药铺；还有一个姓古的无业游民，平日里四处惹事，却又一副侠义心肠，他猜想可能和唐朝大侠古押子沾亲带故……

知道刘家的饼为什么叫"为甚酥"吗？苏轼取的。那天他问人家的饼为什么这

---

1 出自《与王定国书》。
2 出自《和王巩六首》。

么酥，人家没搭茬，他就擅自决定了这饼以后就叫"为甚酥"。

知道潘家的酒为什么叫"错着水"吗？苏轼取的。那天他喝到这酒，酸得直皱眉，就笑说人家酿酒时把醋错当成水放进去了，被店家追打两条街。

若想吃到黄州前沿美食，去东坡雪堂；若想听黄州最新八卦，去东坡雪堂；若想知道全黄州哪里最热闹，还是去东坡雪堂。

苏轼的家，著名的"踩一踩"盛地，每次刷新都有新访客，其中包括且不限于黄州知州徐君猷、鄂州知州朱寿昌、黄州监酒乐京、才子陈慥、王氏兄弟、高僧辨才……有些道远的，譬如司马光、黄庭坚、秦观等人不便亲自去黄州，也常常寄去书信，并向身边人无限安利苏轼，一时间，北宋的所有文人都渴望和苏轼加好友。更有甚者，每年众筹凑钱，一年两次结伴到黄州来探望苏轼，那阵势，道一句"东坡雪堂寒暑假观光团"，一点都不过分。

再到后来，苏轼甚至得意地"凡尔赛"道："哎呀，你们不要来那么频繁，我出门游玩去了，人又不在。看我的桌上，往来书信都堆积如山了，我都没有空回。"

众人：是谁说自己"设一日无客，则歉然若有疾"来着！

扁舟草履，放浪山水间，苏轼的心怀也越发宽广高旷。他不再是那个盛名加身、满身锐气的大宋"国民男神"，也不再是沉湎在"乌台诗案"阴影下，每每担心自己"魂飞汤火梦如鸡"的阶下囚，他放下了架子，撤下了"光环"，也就没有什么再能伤害到他。他曾在给李端叔的信中写道：自己"与渔樵杂处，往往为醉人所骂，则自喜渐不为人识"。

京师仍流传着他的传说，读书人仍在争相传阅他的诗词，但他身处黄州的深山之间，在醉汉的推骂中，已经能坦然地笑说："没人认识我，真好。"

虽然心中仍有不安，仍有绝望，但苏轼已经可以坦然面对，并自得其乐，一阕《定风波》映照着他此时的心性。

三月七日这一天，苏轼和一行好友出门游玩，途中遇雨，但已经没有雨具了，同行的人被淋湿了都很狼狈，苏轼却浑然不觉。为什么呢，因为这雨就像人生中悲哀的际遇，你慌乱它也是要发生的，你狼狈它也是会发生的，"何妨吟啸且徐行"。苏轼想，反正我有竹杖芒鞋，走起来一样轻快。

有了苏轼这种心态，世间的很多事就能迎刃而解，不必纠结了，可能继续走下去，还会遇到"山头斜照却相迎"这种让人豁然开朗的好事。在这个时候，你再回头看过去那些苦难，便会觉得"也无风雨也无晴"，这种"无"并不是认为自然界是种"虚无"，而是苏轼心中的"无"——不把它当回事儿，那些"穿林打叶声"就没法影响到你，让你的生活变得一团糟。

苏轼积极快乐，但并不是傻乐，他是能用自己旷达的心境，去体悟一些哲思，用它们去解决生活中的一些困扰。他虽然精通佛道，但绝不是一个避世者，恰恰相反，苏轼正是因为能"入世"，所以才能真正做到自得其乐。

正如他在给堂兄的信中所写："天壤之内，山川草木虫鱼之类，皆是供吾家乐事也。"

我们以上帝视角看苏轼，他出狱后不是在被贬就是在被贬的路上，黄州只是第一站，后面还有更多的坎坷等待着他。

但苏轼已然寻到了谪居的真谛。

元丰六年，受"乌台诗案"牵连被贬南荒的王定国北归，特意带着始终陪伴在自己身边的歌女柔奴来拜访苏轼。苏轼见友人到访，非但没显憔悴，还年轻了许多，十分惊异，又想到岭南之地艰苦，难免担心，便关怀地询问："岭南应不好？"柔奴只淡淡答道："此心安处是吾乡。"

苏轼听后，既欣赏又敬佩，当即引为知音，并挥笔作词一首，赠予王定国和柔奴：

常美人间琢玉郎，天应乞与点酥娘。自作清歌传皓齿，风起，雪飞炎海变清凉。

万里归来颜愈少，微笑，笑时犹带岭梅香。试问岭南应不好，却道：此心安处是吾乡。[1]

其实，有着"雪飞炎海变清凉"魔力的，又何止柔奴呢？谪居黄州这几年，也是苏轼创作的"井喷期"，他陆续创作了《念奴娇·赤壁怀古》《水调歌头·黄州快哉亭赠张偓佺》《西江月》《前赤壁赋》《后赤壁赋》等名篇，不仅激励了自己，也抚慰了许多在困境中迷茫困顿的心。

---

[1] 出自《定风波·南海归赠王定国侍人寓娘》。

离开黄州前，苏轼还专门写了一首《满庭芳·归去来兮》，来记录自己当时的感受，虽然仍有对故土的思念，对被贬的苦涩，但心境已与初到黄州时完全不同了：

归去来兮，吾归何处？万里家在岷峨。百年强半，来日苦无多。坐见黄州再闰，儿童尽楚语吴歌。山中友，鸡豚社酒，相劝老东坡。

云何？当此去，人生底事，来往如梭。待闲看秋风，洛水清波。好在堂前细柳，应念我，莫剪柔柯。仍传语，江南父老，时与晒渔蓑。

虽说故土远在岷峨，年近半百，来日无多，但这时的苏轼不复定慧院中的形单影只。在他收拾好行李，移居汝州前，黄州的父老乡亲都杀鸡宰猪备酒，纷纷前来相劝，舍不得他走。此情此景，苏轼除了感动外，还能说什么呢？

他只能说人生如梭，现在我在黄州安定下来了，爱上了这里的土地和人，但我又要走了。但苏轼悲哀吗？你看他接下来说"待闲看秋风，洛水清波"，词中所说的"洛水"，就从苏轼将要去的下一站——汝州流过。

"黄州固然值得留恋，但我相信，去汝州想必也不错。"苏轼这样满怀希望地对街坊邻里说。

苏轼小访谈

听说你熬死了四个皇帝三个太后？

文 / 拂罗

苏轼 人间惊鸿客

主持人："欢迎大家收看这一期的《诗人有约》。今天为朋友们请到的，是我们著名的文学家、美食家、画家、书法家、诗人、词人及散文家……一个人顶一支足球队的全才式艺术巨匠，苏轼大大！"

观众席爆发出此起彼伏的尖叫声。

苏轼戴着标志性的东坡帽，迈着自信的步伐走上了舞台。

主持人："欢迎欢迎，请坐。相信观众朋友们都有一个疑问，是什么令您这位慕仙好隐的大大决定来参加我们的访谈呢？"

苏轼：？

苏轼："不是你们邀请我来的吗？"

主持人（干笑）："呃哈哈哈，的确是，不过应该也有被我们今天的访谈主题所吸引的成分——熬完皇帝熬太后之时代最强熬鹰。毕竟北宋一共只有九位皇帝，您一人就经历过五位，相信您也熟知自己熬鹰的称号吧？"

苏轼："真的吗？我不熟。"

主持人：……

主持人："导播，这人是不是来砸场的？"

2

主持人（尽力微笑）："让我们来进入主题，先看下您熬死的第一位皇帝，宋仁宗。那么仁宗……"

苏轼打断他："等一下，准确来说他不算我熬死的。他即位时我还没出生呢。"

主持人（深呼吸保持专业素养）："咱们先不讨论这个问题，您觉得他是怎样一位皇帝呢？"

苏轼伸出大拇指。

"他是这个。但我俩有缘无分。"

主持人："展开说说？"

苏轼拿起桌上摆的荔枝，边剥边说道："这说来话就长了。大家也知道，嘉祐二年的时候我进京应试，写了篇超牛的《刑赏忠厚之至论》。主考官欧阳修以为是自己徒弟写的，为了避嫌给我整了个第二。后来我就火了，但还没等我有什么动作，母亲就去世了，所以我就回家守孝了三年。

"等回来后我基本也过气了，于是我应中制科考试。您猜成绩怎么着？嚯！'百年第一'！"

苏轼说着把荔枝扔到嘴里，嚼了两口一皱眉："你们这荔枝不是岭南的啊……

"就咱这履历，仁宗必然相当喜欢我。人家是个好皇帝，长了双特别善于发现人才的眼睛[1]，直接授我大理评事、签书凤翔府判官。可惜啊，他后来病逝了……当时全天下哭声一片[2]，没过多久我父亲也去世了，所以我又回家守孝去了。"

苏轼擦了擦手："所以说我俩没什么缘分。"

3

主持人（努力 cue[3] 流程）："那么下一任皇帝宋英宗就和您有缘分多了吧？毕竟您经历了他的整个任期。"

苏轼："嗨，他就在位三年不到，还赶上我在家守孝，啥缘不缘的。"

主持人（继续努力 cue）："那您是怎么看这位皇帝的呢？"

苏轼又剥了一颗荔枝，叹了口气："人的确是个好人，爱读书还孝顺[4]，也很赏识我。就是死得忒早了……

"等我守孝结束再回京，已经改朝换代，换了人间喽。"

4

主持人向前探了探身子："怎么了呢？"

---

1 《苏东坡全集·卷八十八·墓志铭二首》：仁宗皇帝在位四十二年，搜揽天下豪杰，不可胜数。
2 王安石《本朝百年无事札子》："升遐之日，天下号恸，如丧考妣……"
3 网络用语，意为暗示。
4 《宋史全文·卷十》："承顺颜色，备尽孝道。"

苏轼把装荔枝的盘子直接端过来放到了腿上，嗑瓜子一样低头吃着。

"这不是新皇帝宋神宗支持王安石变法嘛，我那些个师友，都因为政见不合被逐出京了。我自然也是不同意变法的，弊端太多。于是我就自己申请出京，去杭州待着了。后来我去湖州任知州的时候，看见百姓太苦了，就在谢恩的《湖州谢上表》里言语犀利了点，然后我就BBQ[1]了。"

荔枝转瞬空盘，苏轼抹了一把嘴，仰天长叹："御史台的何正臣等人这下可抓到把柄了，这些家伙，给我一顿弹劾啊……翻遍了我写的所有东西，找了一百多条证据呈了上去，嗑CP挖糖的都没他们勤奋。那皇上能不生气吗？连夜就把我押回去了。

"后来大理寺判我'徒二年'，结果御史台不干，非要整死我，甚至形容我死有余辜。"

苏轼说到这儿，现场的背景音乐陡然紧张起来。

主持人："天呐！这也太惊险了！然后呢？您死里逃生了吗？"

苏轼：……

苏轼："那我是怎么来录的节目呢？"

"呃，哈哈哈。"主持人尴笑两声，"您继续。"

"我能死里逃生，主要是人缘好，朝中挺多大臣帮我说话的，包括王安石都说'圣朝不宜诛名士'。不过另外一个起决定性作用的人，是曹太后。"

主持人（连忙看手卡）："哦？难道就是您熬死的仁宗的妻子，神宗的祖母慈圣光献皇后？"

苏轼："对。当时曹太后身体已经不太好了，但还是十分关心朝政，听说我要被处死了，就立刻和神宗说，当年仁宗在殿试录取我和我弟弟时，十分欣喜，称他为子孙们找到了两位宰相。如今我被下入狱中，怕不是遭

---

1 网络用语，此处意为完蛋。

到仇人的污蔑？

"皇帝孝顺，听后也心软了，便把我放了出来，将我贬为黄州团练副使。不过那也比死了当阿飘强。"

苏轼一边说着，一边眼眶微微湿润。

主持人见状立刻问："是什么令您如此动容，甚至落泪？"

苏轼一抽鼻子："后怕。"

— 5 —

苏轼平复了一下情绪，而后补充道。

"当然也是因为这些危难之际帮助我的人。可惜，曹太后替我求情后没过几日便仙逝了，我都未有机会感谢她。"

主持人表示理解地点点头："那后来呢？"

"后来啊……"苏轼又拿过来旁边那盘宫饼，"后来我就打算搬到常州去了，经过这几年的折腾，我也想开了。什么都不如和家人在一起，平平淡淡过日子，开开心心吃美食。"说罢咬了一口宫饼。

"这个宫饼做得还是不错的，'小饼如嚼月，中有酥和饴'[1]。"苏轼闭上眼细细品尝道。

主持人（积极cue流程）："呃那个……可后来您为什么没在常州养老呢？是……又有新皇帝了吗？"

苏轼睁开眼，一咂嘴："可不，神宗因为改革推进不下去，抑郁而终，然后小皇帝哲宗就上位了。"

---

1 出自苏轼《留别廉守》。

主持人："这时哲宗才十岁吧？能管好国家吗？"

苏轼一摆手："一直是他的祖母高太后帮忙管的，临朝听政。高太后支持旧党，所以掌权后就把先前的旧臣都找回来了。"说罢拍了拍胸脯，"包括我。"

"一开始是复我为朝奉郎，获任登州知州。后来不过四个月，我就被封礼部郎中了，受召还朝。刚待了半个月，又被升为起居舍人。"苏轼骄傲地一挑眉，"这还不算完，三个月后，升我为中书舍人。没过几天，又升我翰林学士，主管礼部贡举。"

全场响起此起彼伏的"哇哦"。

主持人鼓了鼓掌："短短八个月，连升四级，这就是扶摇直上吧？厉害厉害！"

苏轼把宫饼空盘放到一边，谦虚了几句："嗨，主要还是因为高太后赏识。"

主持人有眼力见地把仅剩的那盘龙眼也递了过来："那您怎么没继续争取当宰相？"

苏轼拿起一颗龙眼，举到空中看了看，而后意味深长道：

"龙眼与荔支，异出同父祖。[1]"

"意思是？"主持人不解。

"新党得势时打压旧党，改革也不完善。旧党得势了又打压新党，腐败现象依旧。新旧党看似截然不同，像荔枝和龙眼，可本质上又有何区别呢？

"所以我便自求外调去了杭州。那里人好景好，还能远离朝政纷争。就是总治瘟疫救饥荒累了点，可都在干能帮到老百姓的实事。能亲眼看着一个地方因为自己一天天变好，可比在朝廷当宰相有幸福感多了。"

....
[1] 出自苏轼《廉州龙眼质味殊绝可敌荔支》。

全场恍然大悟，唯有苏轼笑眯眯地将龙眼放到嘴里。

"不错，甜。"

6

主持人感慨完又看了眼手卡："原来如此，那么……"

苏轼打断了他："别费劲措辞了，我自己说吧，后来高太后去世，哲宗终于独掌大权了。因为他支持新政，我就又被蹬了，先是惠州再是儋州，都恨不得把我蹬出中国。"苏轼摊了摊手。

"但他后来也很惨，本来自己身体就不好，儿子又夭折，没过几天女儿也没了。这不，一下子病重，才二十五岁，唉……"

苏轼叹息一声。

"太惨了……"

主持人咳嗽了一声，犹豫道："可是……您不也是在宋徽宗即位，大赦天下后才……咳咳，其实也挺惨的。"

苏轼一竖眉毛："惨怎么了？天妒英才没听过？我偶像韩愈也惨，不过我俩都是摩羯座，可能摩羯都惨……"[1]

主持人："这……行吧，我也是摩羯。"

主持人："再次感谢东坡大大的到来，今天的《诗人有约》就到这里了，不知道大大还有什么要说的寄语吗？"

苏轼："龙眼记得给我打包。"

....
[1]《东坡志林》："退之诗云：'我生之辰，月宿南斗。乃知退之磨蝎为身宫，而仆乃以磨蝎为命，平生多得谤誉，殆是同病也。"

惟愿一识苏徐州

·第三章·

WEIYUANYISHISUXUZHOU

长忆别时

原来挚友当如此

YUANLAI ZHIYOU

文/清夜月

苏轼和秦观是完全不同的两个人。

豪放派首、婉约词宗，光从两个人的文风就知道这两个人的审美大抵不是一路。临江所感，苏轼的话是"驾一叶之扁舟，举匏樽以相属。寄蜉蝣于天地，渺沧海之一粟"[1]，秦观的话就是"雾失楼台，月迷津渡，桃源望断无寻处"[2]；同样写明月，苏轼说是"明月几时有，把酒问青天"[3]，秦观就偏要说是"今夜月明风细细，枫叶芦花，的是凄凉地"[4]。用现代人的话来说，那堪称是ENFJ（主人公型人格）和INFP（调停者型人格）的绝赞争锋，啥玩意儿？感时伤怀啥玩意儿？你那几滴泪收一收，我看着就心烦。

但偏偏秦观是苏轼的徒弟，还不是那种师父每日长吁短叹，愁得恨不得把他逐出山门的徒弟，是那种师父精心教养、捧在手心里呵护的徒弟。

秦观是仰慕苏轼的。

当然他不是例外——那时候天底下有很多人仰慕苏轼，但也只有他会写"我独

---

1 出自《前赤壁赋》。
2 出自《踏莎行·郴州旅舍》。
3 出自《水调歌头》。
4 出自《蝶恋花·舟泊浔阳城下住》。

惟愿一识苏徐州

不愿万户侯，惟愿一识苏徐州"[1]，他一生文章婉约缠绵，为数不多的豪气铿锵之句大多都写给了苏轼，而苏轼也对他极好。别的不说，苏轼一生历尽劫难，经历了乌台诗案后，他虽有所收敛，却还是那个在文章间嬉笑怒骂、指点政事的苏子瞻，但是他在给秦观写信的时候，却会苦口婆心地劝他少谈政治立场，谨言慎行，因言多必失。

他甚至会把秦观推荐给他的政敌王安石，洋洋洒洒长篇大论，都在说秦观是个可造之才，万望朝廷不要将他遗落民间。

他这一生已经如此，不愿秦观再踩他踩过的坑。

但秦观不听他的话，也不领他的情。

其实秦观这孩子政治抱负并不算远大，他出生高邮的商贾之家，家中不算大富大贵，也能保他衣食无忧，少年的秦少游鲜衣怒马，唯一仰慕的就是那位远在天边的大文学家。对他来说，站在苏轼身边远比站在皇帝身边有吸引力得多，所以即便饱受王安石所代表的新党排挤打压，甚至被贬斥远调，他也从不肯说苏轼一个不字。

后世有诗云："国家不幸诗家幸，赋到沧桑句便工。"

对于秦观来说，不幸的不是国家，而是人生，是他的人生，也是苏轼的人生。

他声词哀婉，言辞凄切，写的是情恋，抒的却是爱恨——比起旷达的苏轼，他细腻许多，也难以看开许多。

屡遭贬谪的人生让他对一切失望——精确地说，是对除了苏轼相关的一切失望，鲜衣怒马嬉笑怒骂的少年时仿佛已经只能出现在梦里，梦醒来，他是拄杖行于路上的垂垂老者，若是少年的自己路过，见到此人，怕只会有一声叹息。

但他从来没后悔过。

即使因苏轼而受牵连，导致仕途坎坷，他还是坚定地站在苏轼身边。

他这样的人是理想主义者，只要认定了一个人，那个人便会成为他生命里唯一的光，至死方休。

至死方休。

秦观是走在苏轼前面的。

---
[1] 出自《别子瞻》。

苏轼 人间惊鸿客

元符三年，被贬谪的秦观意外接到了一封来自政治中枢的升迁令，调他往横州任宣德郎。

那时候的秦观五十一岁，年迈多病，政治上的升迁对他来说已经毫无意义了。

但他也并没有辞而不受，而是欣然上任——也许那时候他还想着，自己能够再与苏轼诗文唱和，用他那一点小小的抱负与才学，再帮苏轼多做点什么。

但是他最终没能做到。

他一路行到藤州，在一个叫作光华亭的地方歇脚，说来很奇怪，他在从前的某个夜里，梦到过这个地方，还曾经为这里写过一首词。

路过的人知道他是大词人秦观，纷纷跑来围观。

他也不露怯，与人言笑交游，甚至将梦中自己作的那首词，吟给路人听。

字断文结，众人喝彩，秦观笑说自己口渴，向路人讨一杯水。

可等有人把水送到他面前，他已闭目含笑，溘然长逝。

这是个彻头彻尾的悲剧结尾，却带着与他十分相称的浪漫气氛——他在奔赴理想的途中，想起了自己的梦，梦醒而逝。

苏轼闻之痛哭，说："少游不幸死道路，哀哉！世岂复有斯人乎！"[1]

秦观不是与他交游最亲密的人，也不是他能肆意笑闹互损的人——他是与苏轼最不像的那个人，却也是让苏轼能够触碰到自己灵魂中某些连自己都未曾发觉的部分的人。

人们都喜欢看全然不相像的两个人了解彼此。

所以就连后世的人都爱写苏轼和秦观的故事，冯梦龙在自己的小说里甚至让苏轼把自己最疼爱的妹妹嫁给了秦观，让他们作一些看起来粗糙却别有趣味的字谜诗，在那些故事里，苏轼和秦观是文学上的师生知己，更是和和美美的一家人。

也许他们本人也乐见这一切。

这世间上最能理解对方的，也许真的是"我全然不与你相似"。

---

[1] 出自《宋史·文苑传》：观长于议论，文丽而思深。及死，轼闻之叹曰："少游不幸死道路，哀哉！世岂复有斯人乎！"

提起和苏轼关系好的和尚，大家第一反应可能都是那个跟他"我看你像尊佛""我看你像牛粪"如此这般斗了一辈子嘴的佛印，但除了佛印之外，苏轼还有另外一位佛门挚友——真挚到什么程度呢？人人都说，佛门忌痴忌贪忌妄执，但这位挚友曾跟随他贬官的步伐辗转数地，甚至就连苏轼被贬海南时都未曾弃他而去。

这位挚友的名字叫参寥，又名参寥子，他的名字，曾在苏轼的诗文中出现过一百四十多次。

他们相识于彭城的春日。

苏轼知道参寥，是因为一首诗。

那首诗的具体内容现在已无可考，但我们能知道的是，才气狂傲的苏轼对参寥的诗大为赞赏，说他诗文清绝，不逊于那位梅妻鹤子的林和靖，甚至更多添几分道义禅机。而参寥听了此话，当即把苏轼引为知音，与他煮酒烹茶，交相酬唱。后来苏轼去了吴兴，参寥便也跟到了吴兴，两人依旧关系亲厚，但不多久，苏轼被贬黄州。

因志遭贬，独陷黄州，苏轼自然郁郁难发，他有诸多亲朋旧友，纷纷零散天南地北，欲见面亦不可得，这更让他觉得孤寂愤懑。

但不多久，参寥就跟来了。

和尚仍是那副清眉瘦骨的模样，似乎世间所有都入不了他的眼，他只是静静地坐在那里，与从前一般同苏轼谈话，谈得兴起，便温茶煮酒——他在动荡的时局中为命途坎坷的苏轼保留了一份圆融而坚定的宁静，苏轼明白，也感激他。

苏轼 人间惊鸿客

许是日有所思夜有所梦，又或许是冥冥之中，自有感应，在一个醉去的夜里，他梦到了参寥。

梦见他们两个人坐在一座清幽小院之中，院中有石流泉，松柏清阴，朝露如雾。

他在院中与参寥对诗，眉端笔底尽是天地清空，山水无物。

那是个难得的美梦，梦中他们写了许多诗，只可惜苏轼醒来，却只记得两句。

是为"寒食清明都过了，石泉槐火一时新"。

那时他并不在意，梦中人就住在左近，他若想与他吟诗作对，随时便能见面，又何必执妄一梦？

后来过了几年，苏轼被调任杭州，参寥当然也没落下，跟着他的脚步，寄居在了杭州的智果院。

苏轼去拜访他时，看见他住的那所小院，忽然间又想起了他曾经忘却的那个梦。

梦里的院子，便是如今参寥所住的院子，梦里喝的茶，也正是参寥眼下正烹着的那一味黄檗茶。

他信佛，也信鬼神，却从未有一刻有这样强烈的感觉，冥冥之中，一切早已注定。

天地自有灵明，观照人心。

而参寥也从未辜负这份灵明，他一直跟随着苏轼的脚步，就连最后苏轼被贬儋州，他亦曾想渡海相随——但这一次，苏轼阻止了他。

儋州之地，山水穷恶，他珍视朋友，他们都年岁已老——再经不得跋山涉水了。

可参寥是个倔强的人。

他说了，便一定会去做，即便苏轼再三劝阻也未曾让他动摇。

但他最终未能成行。

苏轼一生坎坷，尽由乌台诗案起发，但临了之时，乌台诗案却又扎扎实实地帮了他一把。

世人皆知参寥是苏东坡挚友，苏东坡因诗获罪，参寥怎可能置身事外？

有别有用心的人搜集了参寥的诗文，告发他与苏轼同罪，参寥冤孽缠身，被迫还俗，最终没能踏上追随苏轼去儋州的旅途。

这让苏轼松了一口气。

惟愿一识苏徐州 —— 151

他真的承担不起再失去一个朋友的代价了。

至此，两人终于分居两地，但苏轼没有忘记参寥，他在儋州写诗，封进竹筒里寄往参寥的居处，两人虽不能同从前那般时时唱和，但世间有心人，总是相隔千里，也可共明月。

那年苏轼离开杭州，远赴汴京，写了一首《八声甘州·寄参寥子》，送给寄居智果院的那位僧人。

有情风、万里卷潮来，无情送潮归。问钱塘江上，西兴浦口，几度斜晖。不用思量今古，俯仰昔人非。谁似东坡老，白首忘机。

记取西湖西畔，正暮山好处，空翠烟霏。算诗人相得，如我与君稀。约他年、东还海道，愿谢公、雅志莫相违。西州路，不应回首，为我沾衣。

这也许就是他对两人友情最好的期盼，山色暮色，柳色烟色，诗歌相酬，知音相得。哪怕从此再不见面，也莫违雅志，不应沾衣。

每个人的生命里，都会有一段难以忘却的追星之旅，你的偶像可能是个纸片人，也可能是个明星，甚至可能是家中的长辈，也有可能，只是遥远天际的一个愿望。

黄庭坚也不例外，他追的那颗星叫苏轼，他后来成了苏轼的学生。

其实黄庭坚挺倒霉的。

他十来岁的时候没了爹——好在有个把他视如己出的舅舅抚养他。

他从小就有神童美名，文章贯达天下——但头顶上压着一座叫苏轼的大山。

但黄庭坚对于这个前辈并没有任何怨怼和不满，他真心倾慕着当时一举高中、名动天下的苏轼，追星追得家中人尽皆知——甚至就连他的岳父也知道。

于是老先生捏着鼻子给自己女儿的"情敌"递枕头。

黄庭坚的岳父孙觉和当时诸位文学大家交游亲密，苏轼当然也是其中之一，某一天好不容易有机会，苏轼来孙家做客，老丈人心想天赐良机莫教时不待我，反手就把自己女婿的诗文"不经意"地放在了苏轼手边。

苏东坡果然上钩，坐下来随手抄了本书看，边看边拍大腿："哎哟我去，这谁，小伙子写的文章太棒了！"

黄庭坚的追星之旅踏出了第一步。

有了第一步，第二步就会很顺利。

苏轼偶然间结识了那位把黄庭坚养大的舅舅——舅舅当然也知道自家外甥追星追得走火入魔，敲边鼓的时候听苏轼说之前觉得自家外甥才华横溢，当即也不装了，直接跟他说："我外甥很喜欢你，你能给他写封信吗？"

就这样，两人搭上了线，黄庭坚也得偿所愿，正式投入他的偶像门下，成了苏轼的门生。

要按苏轼的想法说，他是不想和黄庭坚以师生名分相处的，太拘礼了，没意思。但是黄庭坚不肯，他觉得文坛前辈后辈之间总要有礼数，他能和自己的偶像贴贴已经很感动了，怎么敢再和自己的偶像以平辈论交呢？

苏轼拗不过他，也就随他去了。

黄庭坚快乐的追星生活从此开始，他和苏轼诗文唱和，往来不断，本以为这样快乐的人生会一直持续下去，但很多事情如果按照你期待的那样发展，世界上就没有故事了。

元丰二年，乌台诗案发，苏轼被下狱，那些和苏轼有诗文往来的人，也被当作朋党论处，朝中恨不得把文坛上跟苏字沾边的都来个大清洗。

有些人偃旗息鼓，装作不识苏东坡此人。

有的人发大字报，严正声明和苏东坡划清界限。

黄庭坚是发大字报的那一批——哦，别误会了，他不是去振臂高呼他不认识苏东坡只是偶然跟他聊过几句天的，他是去振臂高呼，苏东坡好有才，是真汉子，为苏东坡喊冤抱屈的。

这件事其实很危险，弄不好，黄庭坚也得跟苏轼做狱友，但他往来奔走，义无反顾。

能和自己的偶像关对门，对他来说也很快乐。

好在事情虽然有个很烂的开头，但没有一个最坏的结尾，苏轼的脑袋最终保住了，只是被贬官放逐，这让黄庭坚很快乐，但又有些怅惘——也许经此一事，他和他的老师、他的偶像，无法再像从前那样肆无忌惮地吟诗论文了。

但苏轼仍然不在乎，他写诗，给黄庭坚写信，收其他的文人做门生，依然过得豁达快活。

黄庭坚开始还有些担忧，但后来也渐渐放开许多——有些事情做了第一次就不怕做第二次，若他的偶像再有什么坎坷，他依然再去挡在前面就是了。

抱着这种心态，他和苏轼的往来也不再像乌台诗案之前那般战战兢兢，苏轼嘲讽他的草书如同"枯树挂死蛇"，他就反唇相讥，说苏轼的行书像"乱石压蛤蟆"。追在自己身后的乖宝宝变成了毒舌，苏轼有点悲愤，但也有点开心，他是真的想和黄庭坚交朋友的。

但那句话怎么说来着，苏东坡啊，你是能招来腥风血雨的男人。

他的舒心日子没过多久，变法之乱又起，新党执政，苏轼作为旧党的精神领袖，被一贬再贬，而始终与他站在同一立场的黄庭坚，也难免遭此厄运。

最后一次分别，两人都已垂垂老矣，较年轻的黄庭坚，也已过知天命之年。

天南海北，各自飘零。

虽然不能说是音讯全无，但那样的时代，那样的距离，想要得知一个人的消息，几乎难如登天。

苏轼的死讯传到黄庭坚的耳朵里时，他发了好久的呆，总觉得像做梦，噩梦还没来得及醒。

但天下文坛哀声阵阵，容不得他不信——他痛哭数日，挥笔落墨，亲自作了一幅自己偶像的画像。

他将那张画像挂在屋内，日夜相对，朝暮焚香。

就好像他还在苏轼身边的那些年一样。

后来，黄庭坚也老了。

他与朋友拄杖登高，登灵泉寺附近的松风阁，途中在亭子歇脚，得见天风乍来，松涛阵阵。

"若是老师能看见这样的景致便好了。"

多年后的黄庭坚依然是当年那个真心仰慕着偶像的稚子，他心中如此想。

"鲁直若有所思，想必胸中有文采成句，可否让我等瞻仰？"朋友在旁边打趣。

他微微一笑，也不推辞，只招呼人拿纸笔来，挥毫而作，文不加点。

泉枯石燥复潺湲，山川光辉为我妍。

野僧早饥不能馔，晓见寒溪有炊烟。

东坡道人已沉泉，张侯何时到眼前？

钓台惊涛可昼眠，怡亭看篆蛟龙缠。

安得此身脱拘挛，舟载诸友长周旋。[1]

---

[1]《武昌松风阁》。

你是个心气很高的人。

你是个很厉害的人。

你有个只比你小两岁的弟弟。

他也是个很厉害的人。

这设定听起来就是个一时瑜亮、王不见王的文风，至少也会是个心有磋磨、暗中较量的插曲，但我们的苏轼同学就硬生生地把这设定写成了"你侬我侬、忒煞情多"……啊不，是兄友弟恭、知音相和的小甜饼，硬要说起他和他弟弟苏辙的事，那可能连开糖铺的都要高呼一声甘拜下风。

就比如，你猜苏轼诗词中出现频次最高的词语是什么？

不是江山，不是明月，不是烟雨，不是清风。

而是子由。

他的弟弟苏辙，苏子由。

在后来的人眼里，惊才绝艳、落笔风雨的人一直是苏轼，而苏辙虽然与哥哥同列"唐宋八大家"，但在众人眼中，似乎也只是无关紧要的那一笔。可在那个真实的年代，一直照拂另一人的不是哥哥而是弟弟，比起锋芒毕露、意气纵横的苏轼，冲谦平和、温脉厚朴的苏辙在仕途上更为得意。苏轼屡屡被贬，也是苏辙在为他四处奔走，托人看顾，一些天生的、默认的立场在这对兄弟身上似乎发生了奇异的对调，但两个人似乎都不在乎，只是自顾自地用自己的方式相处。

苏轼无数次地为苏辙写诗词。

就连他那首最为脍炙人口的，说着"但愿人长久，千里共婵娟"的《水调歌头》，也明明白白地写着"丙辰中秋，欢饮达旦，大醉，作此篇，兼怀子由"。

那时他身在密州，与苏辙七年未见，喝醉了抬头望见朗朗明月，心里想的还是同弟弟一起赏看。

数年仕途郁郁，苏轼不是不知道自己性子张扬，但世中有才之人，难免都有些锋利尖锐的脾性，他知道错，却从不改，就连移任湖州的谢表，都敢义正词严地写："陛下知其愚不适时，难以追陪新进；察其老不生事，或能牧养小民。"

字字句句看似自谦，实则处处讥讽当时力主变法的王安石一派。

元丰二年，乌台诗案发，皇帝下旨捉拿苏轼，当时的驸马都尉王诜与苏轼是旧友，情急之下，将这件事告诉了当时在南京任职的苏辙，但苏辙派去的人快马加鞭，也只是让苏轼提前半日知道了自己即将被判罪的消息。大名鼎鼎的诗人因一封谢表被一身狼狈地押解进京，御史台连加审讯，所有与苏轼诗文唱和的人都纷纷获罪，众人避之不及。

苏轼自知生死未卜，便与自己的长子约定，平日里送饭只送蔬菜和肉食，若是判令下达，自己难逃一死，便往狱中送一条鱼。

寻常的菜饭日日往御史台的监牢中送着，乌台诗案牵连甚广，任谁也不能轻下决断，可偏偏有一日，苏轼的长子苏迈出外有事，便将送饭的事交托给一位亲戚。那位亲戚不明就里，恰巧给苏轼送去了一条熏鱼。

苏轼看见那条鱼，如遭雷击，自觉大限将至。

他一生才气纵横，就连临别也愿以诗相诀，他第一个想到的，还是与自己交相亲厚的弟弟。

于是便有了那首《狱中寄弟子由》。

许是被文字狱一般的诗文指摘吓怕了，这首七律的开头四句仍是感君恩、谢己罪的应酬之语，只待到诗腰，才情致一转，伤怀尽吐。

是处青山可埋骨，他年夜雨独伤神。

与君今世为兄弟，又结来生未了因。

虽然后来众人都知道这只是虚惊一场，但这诀别诗还是流传了出来，苏辙见了这首诗，大哭一场，冒死向神宗皇帝上奏，一封《为兄轼下狱上书》，同样哀痛恳切。

"臣闻困急而呼天，疾痛而呼父母者，人之至情也。

"臣早失怙恃，惟兄轼一人，相须为命。

"昔汉淳于公得罪，其女子缇萦，请设[1]为官婢，以赎其父。汉文因之，遂罢肉刑。今臣蝼蚁之诚，虽万万不及缇萦，而陛下聪明仁圣，过于汉文远甚。臣欲乞纳在身官，以赎兄轼，非敢望末减其罪，但得免下狱死为幸。"

最后他说："臣愿与兄轼，洗心改过，粉骨报效，惟陛下所使，死而后已。臣不胜孤危迫切，无所告诉，归诚陛下，惟宽其狂妄，特许所乞，臣无任祈天请命激切陨越之至。"

官职、家产、性命……他什么都不要了，也要救兄长一命，这封上书打动的并不只有皇帝和天下人，还有与苏轼一向不合的政敌——变法派的王安石，王安石向宋神宗上书，请求饶苏轼一命，最后在众人的努力下，苏轼被流放黄州，而苏辙也被牵连，被贬斥筠州。

轰轰烈烈的乌台诗案至此终于尘埃落定，而这对感情深厚的兄弟经逢此事，更是好得如同一个人一般。

元祐六年，苏轼在任颍州，作《满江红·怀子由作》。

清颍东流，愁来送、征鸿去翮。情乱处，青山白浪，万重千叠。孤负当年林下语，对床夜雨听萧瑟。恨此生，长向别离中，添华发。

一尊酒，黄河侧。无限事，从头说。相看恍如昨，许多年月。衣上旧痕余苦泪，眉间喜气占黄色。便与君，池上觅残春，花如雪。[2]

他心心念念着与弟弟见面，把臂同游，甚至就连重病后考虑自己的丧葬地时，也未打算归故里眉州，而是想与弟弟归去一处。

....

1 此处有两个版本，一作"没"。
2《满江红·怀子由作》流传有两个版本，仅数字之差。

建中靖国元年，苏轼病逝于常州。

苏辙听到噩耗，悲痛至极，他按照苏轼的嘱托，为兄长撰写了墓志铭，又卖掉了部分家产，将苏轼的几个儿子接到身旁，当作亲子一般抚养。

政和二年，苏辙病逝。

按照他的遗言，他被葬在郏县小峨眉山苏轼墓旁，风清柳绿，碧水泱泱，兄弟二人相依相傍。

到此为止，他们再也不会分开。

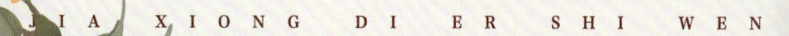

苏家兄弟

二十问

Su Jia Xiong Di

文 / 清夜月

Q&A

1. 请问两位的姓名？

苏轼：……我以为大家都知道。

苏辙：哥哥名轼，我名辙。

2. 平日里怎么称呼对方呢？

苏轼：子由。

苏辙：哥哥……偶尔会叫名字。

3. 请说一件对方的糗事。

苏轼：没有，我弟弟什么都好。

苏辙：我没有哥哥做过类似事情的印象。

4. 那么，对方有让你觉得苦恼的事吗？

苏轼：有的时候太拼，还是希望比起我，他能多看顾自己一点。

苏辙：你我是兄弟，这种话不要再说了。

苏辙：我的话……哥哥太爱给我写诗，我诗才稍逊，有时次韵唱和，要费些脑筋。

（此时一位哥哥不着痕迹地皱了眉。）

5. 这样说的话，最喜欢对方写给自己的哪首诗呢？

苏轼：当然是……

（此时一位哥哥激情背诵弟弟写给自己的诗三小时，其间消耗茶水若干，而一位弟弟多次试图打断未果。）

苏轼：总之，全部很好，我都喜欢。

苏辙：呃……"孤负当年林下意，对床夜雨听萧瑟"[1]。

苏辙：看到那句的时候，突然很想见哥哥。

6. 请用一个字形容对方的优点。

苏轼：一个字太短。

苏辙：我才疏学浅，想不出表意那么丰富的字。

7. 请用一个字形容对方的缺点。

苏轼、苏辙（异口同声）：无。

8. 除了觉得对方什么都好之外就真的没有任何别的想法吗？

苏轼：好了，我知道你没有这么好的弟弟，不能理解我的心情。

苏辙：我幼失怙恃，兄长待我如师如父，岂敢不敬。

---

1 出自《满江红·怀子由作》。

9. 那么聊些有趣的事情吧，将自己比作动物的话，会是什么呢？

苏轼：我生碌碌如芥蚁。

苏辙：……熊吧，一身憨直，却往往无力可施。

10. 将对方比作动物的话，会选择哪一种呢？

苏轼：人有性灵，何以物拟？

苏辙：哥哥风神如崖间白鹿，云上青鹤，落落磊磊，令人心折。

11. 为对方做过什么礼物吗？

苏轼：他过生日的时候为他合过一方香。

苏辙：那香中加了龙脑和柏子，焚之如逢夜雨，有草木清冽之味，我很喜欢。

苏辙：我的话……似乎都是些寻常俗物，待今年要好好想想。

12. 对方的哪一面最令你吃惊？

苏轼：小时候明明很乖，长大了却倔得像头牛。

苏辙：君子远庖厨……我一直以为，小时常在厨间见到哥哥，是因我年幼须得照拂。

苏辙：直到后来我知道了东坡肉。

苏辙：所以你特地写了封信给我，告诉我你自己创造的羊脊骨的菜谱？

苏轼："熟煮热漉出。不乘热出，则抱水不干。渍酒中，点薄盐炙微燋食之……"弟弟试过，觉得不好吗？[1]

苏辙：十分美味，但如你信尾所言，等在旁边准备啃骨头的狗很不高兴。

13. 有羡慕对方的地方吗？是哪里呢？

苏轼：他比我能忍。

---

1 出自《与子由弟书》。

苏辙：哥哥比我旷达许多，似是天性所致。小时候和他一起出门，哥哥酌溪而饮，山中的樵夫见了，竟以为他是神仙。

苏轼：那不是因为我长得太帅？

14. 聊聊你们两位都写过的《刑赏忠厚之至论》吧。

苏轼：啊这……

苏辙：我的只是单纯的应试之作，没什么可聊的，不如听哥哥说。

苏轼：……好了好了，我不就是考试的时候编了个尧与皋陶对论刑法的典故吗！阅卷的文忠公都没舍得说我呢！

（苏辙偷笑。）

15. 有拿对方没办法的时候吗？

苏轼：刚才，上一题，看到了吗，子由他就是故意的！

苏辙：我一向拿哥哥没办法，哥哥是知道的。

16. 这样说的话，会故意欺负对方吗？

苏轼：我比较喜欢带着他去欺负别人。

苏辙：呃……确实是这样的，小时候我们和邻家孩子玩，他们争着扮朝中宰相……我哥就带着我扮神仙。

苏轼：谁让他们说他们扮官，我们就得下跪！

17. 如果能回到小时候的话，会想对对方说什么话，或者做什么事吗？

苏轼：做东坡肉给他吃！小时候的子由特别爱吃肉。

苏辙：咳咳……大概会跟哥哥说，考试的时候不要瞎编故事，那一次纯粹是运气好。

苏轼：不是说好不提这事了吗！

18. 彼此间有什么重要的约定吗？

苏轼：能来同宿否？

苏辙：听雨对床眠。

苏轼：夜来风雨，与子由对床相谈，抵足而眠，想来便觉畅快。

19. 如果可以选的话，下辈子还要做兄弟吗？

苏轼：当然，换我为他劳心劳力。

苏辙：……那便不要再做兄弟了。

20. 最后，对对方说一句话吧。

苏轼：今晚来喝酒吗？

苏辙：不许，我来煮茶。

《苏东坡受害者联盟》

苏东坡
受害者联盟

SU DONG PO SHOU HAI ZHE LIAN MENG

文 / 顾闪闪

冤种朋友一号：

张怀民

Zhang Huai Min

我接下来要说的事，你们千万别害怕。

我昨晚，被苏东坡绑架了。

你问我苏东坡是谁？就是那个苏轼，大名鼎鼎的文豪苏子瞻啊！没听说过？就是那个文章独步天下，又会做饭又会修河堤的国民男神，我这么说你们总该明白了吧。

深更半夜，苏轼突然跑到我的榻前，疯狂地摇我的肩膀，说怀民睡什么睡起来嗨，然后把我扯出房间，拉着我就开始在承天寺的中庭散步，疯狂地散步！还要看月亮！中庭黑漆漆的，四周全都是竹柏，影子在夜色里拉得那么长，纠缠在一起，十月中旬风又冷，很吓人的！本来我又困又蒙，已经很可怜了，苏轼还在我身边莫名发笑……

我就问他笑什么。

他说他想起高兴的事情。

我问他大半夜在这儿吹风有什么可高兴的。

他大笑道："何夜无月？何处无松柏？但少闲人如吾两人者也。"

一人，您自己，不要扯上我。

我澡也洗了，羊也数了，安眠药也喝下了，承天寺冰冷的睡榻都被我用体温一点点焐热乎了。我明天还要上工打卡，一堆公务等着我处理，所以我一点都不闲，懂？真的求求了。

有人问，为什么苏轼这样我还要和他做朋友？大概都是他该死的人格魅力在作祟吧，他真的是那种很可爱的人，天真无邪，又十分坚韧，所以能做出这种秉烛夜游的事也不奇怪，反倒让人觉得旷达。遗憾的是天太黑，没能看清楚他脸上欠揍的表情。

丑时三刻，苏轼说他困了，今天很开心，但是不能再陪我熬夜了，他要回去睡了。

寅时过了。

卯时过了。

苏子瞻，你睡了吗？我睡不着。

冤种朋友二号：

陈季常

Chen Ji Chang

交朋友吗？把你的黑历史写成诗，搞得人尽皆知，流传千古，未来改编成戏剧拍电影的那种。

忘了自我介绍。我叫陈慥，列位可能对这个名字不是很熟悉，但提起我的"学名"陈季常，大家八成就会觉得耳熟了。没错，鄙人就是"河东狮吼"的男主角，外貌平平无奇却神似古 × 乐的那位风流才子。

虽然我的人格魅力比不上苏东坡的，但想当年我在巴蜀一带，也算是出了名的美青年。我出身名门，老爹陈希亮曾在开封府任职，做过苏轼的直系领导，清名远播。作为一个官二代，我非但没有沾染上纨绔恶习，反而在严父的教导下，出落得潇洒倜傥，学富五车。加上我陈氏家资巨富，在河北有千亩良田，在洛阳有顶级豪宅，虽然没考上进士，但我世袭勋爵，一出生就注定有官做，你说气不气人。

搜索我的名字，出现的标签一个比一个耀眼，譬如：

才华横溢

仗义任侠

使酒好剑

花钱如粪土

仰慕我的小姑娘从东京排到黄州，但鉴于我英年早婚，而且最爱我老婆，各位红颜知己就不要惦记我了。

我以为我的一生会一直这样顺风顺水下去，直到苏轼说他要来找我玩。

收到消息的当天，我爹就连夜收拾行李跑路了，嘴上说的是因公外出，但我似乎在他的眼中捕捉到了些许慌张。当时的我还不懂事，只想着自己和苏轼都是大才子，如今相见那是风云际会，必会上演许多的佳话。

但我只猜对了一半。

记得那天，我与苏轼一见如故，聊起佛理来投机得不得了，谈到诗词歌赋，更是彻夜不眠。苏轼右手拿着酒杯，左手揽着我的肩膀，说慢词小令空口干唠没意思，要唱出来才精彩，正好他有某某风月酒楼的会员卡，不如换个地方继续？我被他的才情所折服，当即出发续摊儿。

摸着良心说，我陈季常不是个轻薄之徒，虽然歌伎的裙子那么飘逸，喂出的葡萄已经快送到我嘴里，但大家搞清楚，假设当时苏东坡就坐在你身边，手执铁板，高唱大江东去，你的眼里还能看得见其他人吗？能吗？

惟愿一识苏徐州 —— 167

反正我是做不到。

但我冲进来的爱妻显然没能理解这一点。随着一声狮子狂吼,我的手杖应声而落,刻进骨子里的恐惧让我撒腿就跑,但还是没跑过长年健身的她。爱妻扯着我的耳朵,轰走了满堂的莺莺燕燕,并对我施加了一顿物理暴击。此情此景,他苏轼不过来帮忙劝架也就算了,他还笑!还拍手!这还不够,他又让倒酒的如花拿纸笔来,一边写着什么,一边嘀咕道:"可怜啊,龙丘居士真是可怜。"

喂!你的表情可不是这么回事,别忘了你身上分文没有,酒钱还是我掏的啊!

事后,苏轼还将我遭受暴击的事实整理成信件,寄给我们共同的好友吴德仁,并顺手刊印了一万份,分发给过路行人:

谁以龙丘居士贤,谈空说有夜不眠。

忽闻河东狮子吼,拄杖落手心茫然。[1]

该说不说,写得还真形象!从那天起,世间所有美好的形容词就都离我远去了,只剩下一个巨大的标签:耙耳朵,又名妻管严。

如果有机会对那天的自己说句话,我一定会劝告他:珍爱生命,远离苏轼。

冤种朋友三号:陈希亮

没错,我也姓陈,正是上面那位小冤种陈季常的爹。

关于那天我为何连夜遁走,当然不是因为我怕了苏轼,纯纯是因为那小子太招人烦了。

停!我知道你在想什么,当我表明自己对他的不喜之情时,十个人里有八个都

---

[1] 出自《寄吴德仁兼简陈季常》,此诗有两个版本。

会拍着我的肩膀说:"希亮啊,做人不能太苛刻,否则容易没朋友,苏东坡是出了名的乐天友善有魅力,这样的人你都相处不来,那天底下还有谁能被你放在眼里?"

错,真的是大错特错了。那是因为你们没和苏轼做过同事,没当过他的领导。你们在职场上有没有遇到过这种人?领导夹菜他转桌,领导午休他放歌,领导举杯他先喝,领导开门他上车。有的话恭喜你,你和苏轼也算间接性地会过面了。在座如果有想离职的,可以去找他学习一些小技巧,在得罪领导这件事上,他苏东坡可太会了。

时间倒回到嘉祐八年,当时的我已经在事业上小有建树,大理寺留下过我办案的卷宗,开封府传扬着我铁面无私的传说。当时刚从京东转运使调任的我,对苏轼这个人还不是很了解,但已经有不少朋友给我写信,托我多多关照苏轼,还说他虽然年纪轻,但大有来头,圣上面前亮过相,科举场上拔过筹,差点就当了状元,还是京城许多小姑娘的偶像……

关我什么事,我又不是小姑娘。

但话说回来,我自认也不是那种不近人情的老古板,虽然我对罪犯冷面无情,但对于同僚下属,我还是有着一颗火热的心啊。凤翔府上任第一天,我挂着连夜练习的亲和微笑,带着苏轼和几个得力下属走进大门,就听迎接的小吏响亮地喊道:"陈知府早!"

我和蔼点头,示意大家好才是真的好。

没等开口,便见小吏两眼放光,惊呼道:"哦呼!这不是忠正博学帅气迷人才高八斗名满京师写下'人生到处知何似,应似飞鸿踏雪泥'的苏轼苏贤良吗?"

……

我才没有生气,我才不会为了这点事生气。明眼人都看得出来,一身政绩的我和初出茅庐的他,哪个更配称"贤良"。这个道理迎门小吏不懂,苏轼没理由不明白,那么接下来的剧情就该是他谦虚推辞不受,说几句"和知府大人比起来,子瞻还只是个无知小学生"云云,这样大家的面子不就都找回来了吗?

我回头看向苏轼,苏轼也看向我。

苏轼似有所悟，转向小吏，说："哟。"

这个"哟"是什么意思，老夫直到当天下班都没想明白。不过可以确定的是，这小子是个刺儿头，我俩的梁子算是结下了。

接下来的日子我们过得非常充实。他给我交文件，我让他改方案，我骂他华而不实，他说我没有眼光。众所周知，政务机关开会就是很无聊啊，我作为堂堂一方长官总不能给你说唱两段，因此我讲话的时候，下属在下面传个纸条打个瞌睡，我也就睁一只眼闭一只眼了。可苏轼非但没能感受到我的贴心，某次我开会迟到，他还专门写诗讥讽我：

谒入不得去，兀坐如枯株。岂惟主忘客，今我亦忘吾。

同僚不解事，愠色见髯须。虽无性命忧，且复忍须臾。[1]

知道我为什么迟到吗？就是因为在座的里面有个你啊。领导开会迟到是个什么大不了的事吗？作为下属等一会儿怎么了，用得了"兀坐如枯株"吗？还"别说长官你忘了我，我都快忘记我自己身在何方了呢""别生气啦再忍忍，又要不了人命"，你们听听，有这么阴阳怪气的吗？私下吐吐槽也就罢了，他还发到社交账号上去，你苏轼有多少粉丝，自己不清楚吗？这下小道消息冲出凤翔，满朝上下都知道我陈希亮开会迟到了！

这还不够，后来开会他苏轼干脆就不来了，逢年过节大家约好会餐团建，就他的座位是空的，我罚了他工资，结果第二天开会，他照旧递假条。半年过去，凤翔府的政务要闻是半条没出圈，传出去的，都是我和苏轼不睦的八卦，按辈分我能当他爷爷了，我犯得着犯不着啊？

这天，凤翔府的重点项目凌虚台落成剪彩了，我心想这是个机会，你苏轼不是文笔好吗？我给你个台阶下，你帮我写个记，我们化干戈为玉帛。想不到苏轼一点没领情，可给他逮着机会了，提笔对着凌虚台就是一顿输出："你看秦朝祈年殿壮观吧？塌了；汉朝长杨殿华丽吧？也塌了；隋唐的仁寿宫坚固吧？全都塌了，所以你这破台什么时候塌，谁也不知道。想用这种高台来提高自己的声名，你做梦去吧！"

在座那么多官员百姓观礼，你就给我看这个？要不这个长官你来当？我一时间

---

[1] 出自《客位假寐》。

倔脾气也上来了，喊人拉来石碑，指着他那篇《凌虚台记》说，都给我刻下来，一个字都不许差，看二十年后谁后悔？你爹当年对我都不是这个态度，还要弯腰叫我一声叔，我把你当亲孙子看，才管着你约束着你。你年纪轻轻就暴得大名，全天下人都在说你的好，只有我对你不假辞色，为什么？因为水满则溢，谄媚之词说多了就成了捧杀，官场没有你想的那么简单，我不想看到你失足跌落那一天！

这些事现在想起来，就像昨天发生的一样。前两天我家那个小子写信说，苏轼给我作了传，承认自己当初年少气盛，愚不更事，如今经历了人间种种酸甜苦辣，已经知道错了，后悔着呢。

罢了，罢了，这些年来他也受了不少苦，就原谅他吧。

文 / 白斩鸡

置顶贴　势均力敌　🔍 搜索

有一种势均力敌，你必须要知道

置顶贴

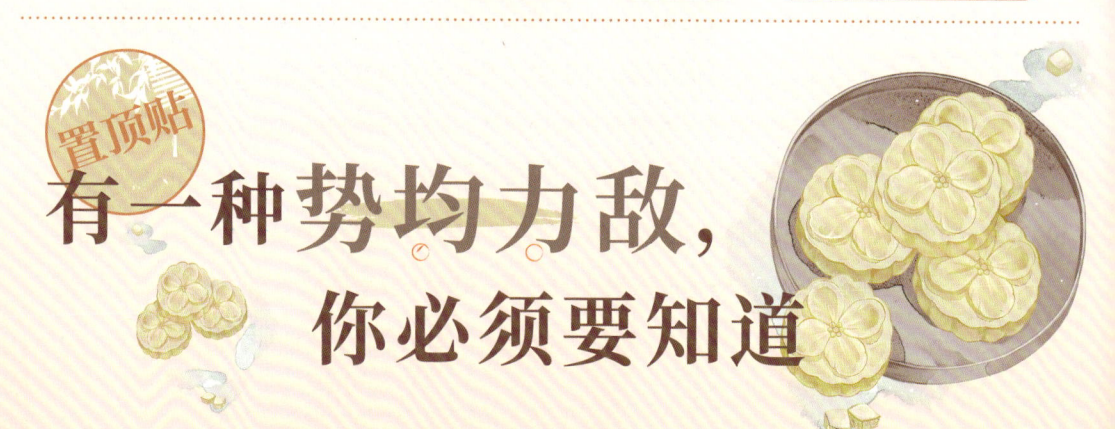

1L 题主：

首先放个置顶声明在这里，虽然题主是个新人，但是浑身上下充满活力与干劲，因为最近读了很多大大的故事和诗词作品，发现了一点不一样的东西，所以写个帖子来跟大家分享一下。

先声明我没有恶意，只是个普普通通的考古党，虽然喜欢李白和杜甫的人很多，但一千个人心中有一千个哈姆雷特，我家苏轼大大作为宋代词人扛把子，也应该有资格在诗仙身边拥有一席之地，诶嘿。

2L 东坡的肉肉：搬个小板凳来蹲一蹲。

3L 题主：事情是这样的，前两天我无意中翻阅到一篇叫作《庚溪诗话》的文，是宋代一个叫陈岩肖的人写的，主要写的是唐宋两朝的一些诗词的评价，还蛮有意思的，推荐大家都去读一下。

咳咳，扯远了，说回来，《庚溪诗话》里有一段原文是这样的：

曰："轼方古人孰比？"

近臣曰："唐李白文才颇同。"

上曰:"不然,白有轼之才,无轼之学。"

背景是,当时正值王安石变法时期,改革嘛,大家各持己见很正常,但是有人偏偏要走歪门邪道,与苏轼政见不合,便私下暗戳戳找苏轼的错处。正好那人发现了一首苏轼写给朋友的《王复秀才所居双桧》:"凛然相对敢相欺,直干凌空未要奇。根到九泉无曲处,世间惟有蛰龙知。"

于是他将它曲解意思,送到了当时的皇帝宋神宗面前,告了苏轼一状,称苏轼说真龙不在天上,而在九泉之处,简直大逆不道,给他扣上了不忠的帽子。

可宋神宗并没有生气,反而轻飘飘来了句:"文学作品,你就是这样理解的?"

之后屡次三番,每当有人在宋神宗面前说苏轼的坏话,就会被这一句顶回去,直到后来再有人问,宋神宗终于不耐烦了,问:"你觉得论人才,有哪位古人能和苏轼相比?"

那人直言道:"李白。"

宋神宗却摇头:"论文采,李白的确十分厉害,但是才学方面,怕是不及苏轼。"

4L 西坡豆腐:这言论,就说宋神宗也是苏轼铁粉,没人有意见吧?

5L 酱油大肘子:我记得不只宋神宗,黄庭坚也有过类似的发言。

苏轼曾经写过一篇《寒食帖》,而黄庭坚则在《题苏轼寒食帖跋》上直言:"东坡此诗似李太白,犹恐太白有未到处。"

听听这口气,太白有未到处,啧啧。

6L 题主:是吧!这一番比较,我忽然觉得李白、苏轼这两位,有点意思啊!

李白,好似天上的神仙,不食人间烟火,到尘世走一遭也只是过客,眺望天上的明月,他脱口而出:"今人不见古时月,今月曾经照古人。古人今人若流水,共看明月皆如此。"[1]

寥寥几句诗，道出时间的漫长与人类生命的短暂，却是洒脱恣意的口吻。

没有人怀疑，他仿佛真的从天上来，最终也要回到天上去，再度做回那逍遥快活的神仙。

苏轼的一生，却截然不同。若说李白是"诗仙"，苏轼则是真真正正的"诗人"。

他是人，他生于人间，长于人间，头顶是一望无际的天穹，脚下是孕育万物的大地，自始至终被牢牢束缚。

他是人，阅尽生老病死，饱尝喜怒哀乐，他看得见月的阴晴圆缺，也知晓人的悲欢离合，皎洁的月光如此美丽，却终究太过遥远，只能寄托他万千的思绪，道一句："但愿人长久，千里共婵娟。"

李白和苏轼，一个出生于繁华昌盛的唐朝，遍览河山；一个身处积贫积弱的北宋，投身官场，或许从一开始，他们就注定走向两种人生道路。

7L 题主：我总忍不住想，他们若是有机会相遇，会是什么样的呢？

他们会不会有机会坐在同一棵树下，共饮一壶酒，在清风中明月下，再吟诗一首？

李白也许会饶有兴致地向苏轼讲述那些他走过的路途、看过的美景，从西北到江南，从皇宫到山野，盛唐美景，繁华映丽。

而苏轼啜一口酒，无声地叹息。难以言喻的浅淡失落，但那或许无须提起。

时局于人，是命中注定，无奈也无可解。

忽然"叮"的一声，将苏轼从思绪中拉出，是玻璃碰撞的声音，李白不知何时换上了新的杯盏，苏轼低头，看见了轻轻摇晃的紫色酒液。

"这可是西域来的美酒，尝尝看。"李白笑道，"听闻唐诗过后，宋词甚是流行，前两日我读了《水调歌头》，实在喜欢。不知今日是否有幸，能再听一首？"

"好。"

---

[1] 出自《把酒问月·故人贾淳令予问之》。

世间诸事芜杂，终究也该放下，也许这也是冥冥中注定的命运，让他也做一回无忧的仙人。

8L 情到深处就吃饭：好好哭啊，呜呜呜！

9L 情到深处就吃饭：虽然道不同，但我相信，如果真的能够遇见的话，他们一定能成为真正的知己。

人间有味是清欢

第四章

RENJIANYOUWEI

《走近坡学》
为您揭秘

文 / 顾闪闪

"竹系 OR 肉系,苏轼属于哪一派?"

近日,大宋八卦论坛的一篇帖子引起了广大百姓们的注意。

发帖人自称肉小姐,祖籍黄州,是大文豪苏轼的毕生挚爱,并拿出多份诗词作为证据,证明两人之间曾有过感情。与此同时,她爆出惊天猛料,宣称苏轼在与她情好日密的同时,竟也对一位竹小姐表露爱意,并在竹小姐面前对她进行无情的拉踩[1],这让她震惊之余分外心碎。

对此,一部分百姓表示支持肉小姐维护自己的权益,虽说爱好是个人权利,但苏轼拿竹小姐来拉踩肉小姐,就是他的不对了,是他一碗水没有端平,才惹来了今日的纠纷;也有人说,这明显是肉小姐在蹭苏轼先生的热度,毕竟在苏轼为黄州猪肉改良烹饪方法并题诗进行宣传后,黄州猪肉的销量直线上涨,已经到了供不应求的程度。

真相究竟如何,让我们跟随本台记者的脚步,一探究竟!

---

1 网络用语,指通过贬低他人来吹捧自己喜欢的人。

《走进坡学》

记　　者：您说苏轼对你一见倾心，能讲一下你们相遇的经过吗？

肉小姐：准确来说是"一尝倾心"。我知道，现在他的许多粉丝都在指责我蹭热度，毕竟我们在黄州相遇的时候，他已经是赫赫有名的文人，而我还只是人们眼中的二流食材，上不得台面。那时候，人们普遍认为和牛羊肉比起来，猪肉脏而低贱，因此即便猪肉价贱如土，也很少有达官贵人吃，以免自降身价。更重要的是，未阉割过的猪肉带有一种膻腥味，难以去除，因此就算穷人以低价买来，也不会烹饪，故而不爱吃猪肉。

但那个男人的到来改变了一切。他不仅不嫌我出身微贱，还耐心地改良烹饪方法，知道我不易入味，也不催我快熟，还耐心地用小火慢慢炖我，这才让我的美味尽皆释放出来。[1] 没有他，就连我自己都不知道，猪肉竟能这样甘香美味，肥而不腻，瘦而不柴。是苏轼给了我第二次生命，也让更多人开始品尝猪肉，得此知己，猪复何求？

记　　者：真是一段感人至深的烹饪故事，但你的帖子上有说，发现苏轼变心了，还拿竹小姐拉踩你，这又是怎么回事呢？

肉小姐：可能他就是这样博爱的人吧，只闻新竹笑，不闻旧肉哭。书接上文，苏轼研制出黄州猪肉的独家秘方后，我们的来往越发密切了，加上他当时在黄州被贬为团练副使，手上没什么钱，家里饭桌上出现猪肉的次数也越发频繁。曾经，我以为这样的日子能一直持续下去——直到她的出现。

那天，我在苏轼的住所偶然发现了一首名为《於潜僧绿筠轩》的诗，上面赫然写着：

---

[1] 苏轼《猪肉颂》：净洗铛，少著水，柴头罨烟焰不起。待他自熟莫催他，火候足时他自美。黄州好猪肉，价贱如泥土。贵者不肯吃，贫者不解煮，早晨起来打两碗，饱得自家君莫管。

人间有味是清欢 —— 179

宁可食无肉，不可居无竹。

无肉令人瘦，无竹令人俗。

人瘦尚可肥，士俗不可医。

大家看看，这不是拉踩是什么？所以说苏轼的嘴，骗人的鬼，明明之前还叫人家小甜甜，说黄州猪肉好吃，自己早晨空腹都能吃两碗；转头就嫌弃人家不够高雅，可有可无。大家来帮我评评理，看看他写这首诗究竟是什么意思？

记　者：这可真是雷神之锤，难道苏轼的老饕人设要崩了？肉小姐你先不要哭，苏轼到底是竹系还是肉系，仅凭一首诗也很难分辨出来。为了进一步证实，今天我们请到了竹类专家、苏轼的老朋友兼表兄文与可，作为最了解苏轼的人之一，让我们听听他怎么说。

文与可：大家好，我是文与可，就是"胸有成竹"的那个文与可。许多人都不知道我和苏轼还有这层关系，实不相瞒，我还和苏轼的弟弟苏辙是儿女亲家，大宋文人间的关系，远比你想象的复杂。这个我们今天不细说，单说说我和苏轼的共同爱好——竹子。

苏轼和我作为竹系宅的代表，一个喜欢吃笋，一个喜欢画竹，看似道不同，实则殊途同归，我们欣赏的都是竹子清新有节的品格。记得那一年，我被派往洋州任职，旁人都叹息我去了那等穷乡僻壤，真是倒霉，只有苏轼懂我，知道洋州有满山修竹，与竹作伴，我高兴还来不及，何憾之有？

这家伙还不忘寄来诗句调侃我，说："料得清贫馋太守，渭滨千亩在胸中。"[1] 说洋州的千亩竹子都被我吃进肚子里了。读信时我正在和妻子吃晚饭，还正好做了烧笋，看到这首诗，我当场失笑，饭喷得满桌都是。笑话，

----

[1] 出自《文与可画筼筜谷偃竹记》。

我再馋竹笋馋得过他？他可是初到黄州，就写下"好竹连山觉笋香"的人啊！

至于猪肉嘛，我只能说在美食上，苏轼所爱实在是丰富，不仅是各种肉类，他还为芋头、莲藕、荔枝、鲈鱼、螃蟹甚至月饼写过诗，他最爱的是哪个，一时之间还真说不出来。但他在诗里写自己爱竹子胜过爱肉，这个还是非常有可能的，毕竟他曾亲切地给竹子起名为"抱节君"，却没听说他给猪肉取什么昵称。

不过如果我没有记错的话，《於潜僧绿筠轩》是子瞻熙宁六年的作品，写于他被贬黄州之前……因此真相只有一个！黄州的猪肉小姐，苏轼早在爱上你之前，就已经在杭州迷上了竹小姐！非要说的话，现在该在这里发帖的不是你，而应是那位竹小姐。

记　者： 背后竟有这样的隐情，事情变得越发扑朔迷离了！刚好我们连线到了事件的另一位当事者竹小姐，她似乎也有一些事情，想要告诉我们。

竹小姐： 本来我也不欲参与到这场争端中，但肉小姐既然诚心诚意地问了，那我就大发慈悲地告诉你——是的，苏轼对我是有着极深的感情。

首先请看这句"解箨新篁不自持，婵娟已有岁寒姿"[1]称赞的是我优雅挺直的风姿；

再看这句"萧然风雪意，可折不可辱"[2]书写的是我的凛然傲骨，也映照了苏轼虽身陷囹圄，但仍坚守风骨的气节；

还有这句"焚山岂不能，爱此千竿碧"[3]，抒情够直白了吧，也是写我的……

可见，苏轼爱我不只是爱肉体，更爱我的灵魂，这种感情，不是区区

---

1 出自《和文与可洋川园池三十首·霜筠亭》。
2 出自《御史台榆槐竹柏四首·竹》。
3 出自《九月中曾题二小诗于南溪竹上既而忘之昨日再游见而录之其二》。

一盘猪肉能比拟的吧？

记　者：她来了她来了！面对挑衅，她带着 N 首定情诗走来了！不愧是竹小姐，一番操作秀得猝不及防，黄州的肉小姐只有生气的分。嚯，大家看那是谁，此刻拿着锅铲向我们走来的，不正是大宋文豪兼当世厨神苏轼苏东坡吗？

苏　轼：我就去做了个饭，怎么就闹成了这个样子？明明只是"今晚吃啥"这种小问题，怎么还演变成了情感纠纷？另外，大家读诗都不读全的吗，《於潜僧绿筠轩》最后两句"若对此君仍大嚼，世间那有扬州鹤"被你们就着午饭一起吃掉了吗？

记　者：哦？那您现在要给我们细讲讲后两句的意思吗？扬州鹤是什么鹤？是肉质比较鲜美的一种禽类吗？

苏　轼：……

苏　轼：咱就是说有没有一种可能，扬州和鹤是要拆开理解的？这是一个典故。南北朝年间，文人名士们常常在林间饮酒聚会，谈谈诗词歌赋，聊聊人生理想。大家志向各不相同，有的人比较务实，说我就想赚钱暴富，腰缠万贯；也有人说我的毕生梦想就是当扬州太守，煊赫一方；甚至还有人幻想骑鹤上天，飞升成仙……

这时，就有位仁兄趁着酒兴一挥手，说做梦也不收费，你们想得都太保守，我的理想是有天能"腰缠十万贯，骑鹤上扬州"。翻译一下，就是小孩子才做选择，大人当然要三项通吃。

我们生在世间，总会面对着各种各样的选择，哪个都要自然是不现实的。就像"扬州"和"鹤"代表的是两种不一样的人生理想，"肉"和"竹"在我心里，也不过是两种选择的指代罢了——是过清贫而风雅的人生，坚

《走进坡学》

守品格，率性做自己，还是过富贵而庸俗的人生，汲汲于名利，奴颜媚骨，见风使舵——在这两者之间做选择，那我一定会选前者。因此，不管是喜欢清雅劲节的竹子，还是去享受廉价易得的猪肉，都是我安守贫寒生活，寄托志向的一种方式罢了，最爱的是谁又有什么关系呢？

再说，这事又不是没有好的解决方法。正所谓"无竹令人俗，无肉令人瘦。不俗又不瘦，竹笋焖猪肉"。晚饭时间到了，谁要和我一同到东坡雪堂饱餐一顿？

记　者：原来《於潜僧绿筠轩》还有这一层深意，学到了。各位苏轼的粉丝朋友也可以放心了，子瞻的人设没有崩。今天的《走近坡学》就到这里，感谢大家的收看。东坡居士，竹笋焖猪肉给我留一碗！

文/明戈

日常　美食区

MEI SHI QU JIAO XUE RI CHANG

美食区UP主的教学日常

Jiao Tao

【神仙美食】或许你见过猪跑，可你吃过猪肉吗？

UP主[1]：老饕苏苏

▶ 9999　　☰ 9999

　　"哈啰，大家晚上好！"苏轼对着镜头笑眯眯道。

　　"这里是你们食遍四方的美食UP主，老饕苏苏，欢迎来到我的频道。"

　　"感谢观众朋友们一直以来对我的支持。美食教学课堂是我新策划的一个系列，一直以来大家都是看我吃，看着弹幕满屏的'放我嘴里'，本老饕实在于心不忍。所以独乐乐不如众乐乐，接下来的几期，我打算手把手教你们如何做出这些美食！来，

1 英文缩写，uploader，意为内容上传者。

苏轼 人间惊鸿客

把宠粉打在公屏上。"

【弹幕】：宠粉！苏苏最厉害！

"今天要教大家做的，就是东坡肉这道菜。"

【弹幕】：？？苏苏要铁锅炖自己？

"这个东坡肉啊，不是我的肉，而是猪肉。"苏轼一脸未卜先知的谜之微笑，解释道。

"听到猪肉先别走，虽然从西汉以来，猪肉就不招人待见[1]，可这玩意好吃着呢！要说我是怎么发现的，主要还是因为穷……"

苏轼叹了口气："牛羊肉实在是太贵了，买不起。平时想吃点带油水的东西，也就只有便宜到不行的猪肉了[2]。"

"但是！"苏轼对着镜头突然举起碗中四四方方的猪肉，两眼放光，"多亏了穷，不然还发现不了这等平替[3]好物！所谓贵者不肯吃，贫者不解煮。哈哈哈哈哈，无妨，我解！"

他仰天长笑，而后挽起袖子，戴上东坡巾版厨师帽。

"首先，我们来写一个解字……呸，先洗净猪肉。"

苏轼打了一盆水，认认真真洗去猪肉上的血水。而后切成四方块，放入锅中。

"记得啊，这时候要少放水，水多了这个汤汁就不鲜美了。"苏轼敲了敲黑（菜）板，"火候也要尤为注意，不能大火滚烧，要用小小火，也就是没有焰苗的虚火来炖。"

【弹幕】：这个火力得炖一年吧？

"朋友们一定要有耐心哈，也可以葱姜去腥，随后咱就用小火煨着，不用管它了。所谓'净洗铛，少著水，柴头罨烟焰不起。待他自熟莫催他，火候足时他自美……早晨起来打两碗，饱得自家君莫管'。"

"哦？隔壁似乎在炖鱼，这个味道……一闻就没加酒！都告诉他多少次了！"

说罢，苏轼一副鱼被糟蹋了的表情，气鼓鼓地走出画面。

1《礼记》：诸侯无故不杀牛，大夫无故不杀羊，士无故不杀犬豕，庶人无故不食珍。
2《猪肉颂》："黄州好猪肉，价贱如泥土。"
3 意为平价替代物。

【弹幕】：教一半人走了？

【弹幕】：看破不说破，我觉得他是去吃鱼了。

【不得不看】做了半辈子了，可你真的会做鱼吗？

UP 主：老饕苏苏

▶ 9999　　☰ 9999

"Hey everybody（大家好），这里是你们食遍四方的美食 UP 主，老饕苏苏。"苏轼略显调皮地蹦入画面。

"上次那个投稿有些虎头蛇尾，哈哈抱歉抱歉。不过你们也知道，我是个对食物极为讲究的人，所以那种情况真的不能忍。"

"这不，这期的主题就是——教你做鱼！"说罢，苏轼拎起来一条活蹦乱跳的鲫鱼。

"其实啊，我最喜欢的还是河豚。"苏轼一边手脚麻利地处理着鱼，一边说道，"不知道你们听没听过我那首《惠崇春江晚景》，'竹外桃花三两枝，春江水暖鸭先知。蒌蒿满地芦芽短，正是河豚欲上时。'河豚那个滋味真是……啧啧。"苏轼咽了下口水。

"之前有一个士大夫，这里我就不说是谁了，称做河豚有一手，邀我去尝尝[1]，毕竟我也是个美食大 V，估计想让我给打打广告什么的。我一落座，他们全府上下

---

[1] 出自宋代孙奕创作的学术笔记《示儿编》，其中记载了苏轼在常州时爱吃河豚的故事。

都躲到了屏风后，等着听我的评价。可河豚太鲜美了，我根本没工夫张嘴。一直到光盘，我才高声喟叹了一句——也值得一死！"

【弹幕】：你觉得手里的鲫鱼听见会开心吗？

"扯远了，话说回来。现在我们准备一锅冷水，把鱼冷水下锅，按照自己的口味放盐。"

"重点来了哈，小本本都掏出来。锅中再加入黄芽白、葱白。"苏轼一边说着一边往锅里扔食材，"不要搅啊，千万不要搅和。"

锅中的阵阵热气升腾而起，扑得苏轼脸颊红彤彤的。

"半生不熟的时候，再取生姜汁、萝卜汁和酒。这三样的量是一样的，咱们在小碗里和匀喽，倒入锅中。这几样既能去腥提鲜，又能增加风味。"

"待马上煮熟时，重点又来了，放入我的独家秘方——切成细丝的橘皮。除了让汤色彩明艳，更会带来一丝若有似无的甘甜清香。"[1]

苏轼用调羹尝了下味道，而后满意地倒入碗中。

"这样，我们的鲫鱼羹汤便做好了。"

【弹幕】：弃之，食碗。

【弹幕】：眼睛会了，希望我的手争点气。

苏轼捋了捋胡子："至于味道如何，我就不过多描述了。不过为了防止你们说我王婆卖瓜，我就放一段吃过的朋友夸此菜的音频：'这羹真是……牛哇牛哇！'[2]"

"好，今天的教学就到这里。我要拿着这碗汤羹……说到碗，你们看这碗圆圆的，像什么？"苏轼嘻嘻一笑。

【弹幕】：一键三连，下次一定！

1《苏轼全集·文卷集七十三·杂记·草木饮食·煮鱼法》。
2《东坡志林》：予在东坡，尝亲执枪匕，煮鱼羹以设客，客未……今日偶与仲天观、王元直、秦少章会食，复作此味，客皆云：此羹超然有高韵，非世俗庖人所能仿佛。

香烤羊脊骨

震惊！美食 Up 主都在教些什么？！
UP 主：老饕苏苏

▶ 9999　　≡ 9999

"中午好啊朋友们，这里是你们食遍四方的美食 UP 主老饕苏苏，欢迎回到我的频道！哈哈这次有些标题党了，因为前阵子朋友说这样点击率比较高。"

"今天要教大家的这个东西可不一般。好多人见都没见过。"

说着，苏轼神秘兮兮地从桌下拿出一长截骨头来。

"咱也吃不起羊肉，只能吃点富人买剩下的羊脊骨。大家也知道，我被贬到了惠州，囊中羞涩，就那么几文闲钱还都买吃的了……"

【弹幕】：苏苏的恩格尔系数相当高了。

【弹幕】：这不羊蝎子吗？话说东坡眼睛怎么有点红。

"说到这里，多亏隔壁肖氏肉铺友情赞助，谢谢金主爸爸！今天，我们就来做一道香烤羊脊骨。隔壁小孩都馋哭啦！"

"首先，我们要将它放入锅中焯水。课堂抽考，焯水是用冷水还是热水？来打在公屏上。"

"答案就是用冷水，这样才能把血水等杂质煮出来。"苏轼挑了挑眉。

"随后我们趁热捞出脊骨，一定要趁热，否则脊骨不容易干。然后用酒浇在骨头上，去腥提香，再撒些食盐微微腌制一下。"苏轼一边按摩脊骨，眼睛一边发亮，"接下来，就可以放在火上烤了。"

随着脊骨的颜色变成迷人的焦褐色，视频的背景音传来了狗叫声。

苏轼并未理睬,而是一脸习以为常的表情。随后轻轻夹起一块儿脊骨,深深闻了一下,而后闭起眼睛发出喟叹。

"太香了!"

"这骨间的碎肉骨髓,简直像虾蟹海物般鲜美。"[1]

苏轼一边感叹,一边风卷残云地吃起来。

【弹幕】:这不是教学吗,改吃播了?

苏轼正大快朵颐,忽然抬起头猛地一拍大腿。

"哎呀!最近红眼病,忘记大夫让我少吃点肉了!"

说罢,苏轼不舍地看了看香喷喷的烤脊骨。

"可是……臣妾做不到啊!"

"算了,眼睛和嘴都是我身上的,怎么能厚此薄彼呢?因为眼睛疼就要忌口,不行![2]"

苏轼豪迈地一挥手。

"接着造!"

【弹幕】:不愧老饕,用生命在吃。这硬币我投了。

1《与子由弟四首(之四)》。
2《东坡志林》:余患赤目,或言不可食脍。余欲听之,而口不可,曰:"我与子为口,彼与子为眼,彼何厚,我何薄?以彼患而废我食,不可。"

苏轼 de 种草推荐

文 / 明戈

种草[1] 大王苏轼

+关注

一点都不夸张！好吃到飞起来！求求你们一定要尝！

我至今都记得那一天——绍圣二年四月十一日，那是我到惠州以后第一次见到它。

它摆在洁白的盘子里，宛如红色龙珠般夺目。

早就听说它的味道堪比烹制好的江鳐柱，又像鲜美至极的河豚。

于是我怀着激动的心，用颤抖的手剥开了它。

粉红的外壳里面是晶莹剔透的果肉，一打开便有股扑鼻的清香。放入嘴里，果肉晶莹剔透，咬下去的瞬间，甘甜的汁水立刻爆开，充满整个口腔。惊得我当场作了首诗夸它。

"……海山仙人绛罗襦，红纱中单白玉肤。不须更待妃子笑，风骨自是倾城姝。

……先生洗盏酌桂醑，冰盘荐此蜜虬珠。似闻江鳐斫玉柱，更洗河豚烹腹腴。"[2]

1 指对某样东西疯狂喜爱，并产生强烈的购买欲望。
2 出自《四月十一日初食荔枝》。

没错，今日为大家种草的东西就是荔枝！不怪杨贵妃当初如此喜爱它，真是太好吃了！毫不夸张，我能一次吃三百颗[1]！

哈哈哈哈什么贬官不贬官的，在这待一辈子都行！岭南荔枝 yyds[2]！

PS：荔枝虽好，可不要学我贪吃。这玩意吃多了上火，我现在都是站着写下的这篇推荐。

不多说了，上药去了。

小可爱其实不可爱呀

关注了！在你主页出不去了！

作者赞过　　　　　　　　　　　　　　　　　　　　　　▲ 180

荔　种草大王苏轼　　　+关注

不是吧不是吧？不会还有人不知道这个能治病吧？

大家好啊，我又来给朋友们推荐吃的了！今天为大家带来一款养生食物——茯苓饼。

可不要小瞧这玩意，首先它是优质碳水，里面都是茯苓啊芝麻啊之类的，吃了不发胖。

其次，重点来了，补气补血，还治痔疮！

大家都是自己人，我也不怕丢人。就因为我好吃……不是，因为我太勤奋，没

---

1 《食荔枝二首》：日啖荔枝三百颗，不辞长作岭南人。
2 网络用语，意为永远的神，表示夸赞。

日没夜给大家测评美食，导致"局部地区"一直不太健康。

前阵子一下子犯病了，什么药都不管用。

后来我就自己琢磨，把黑芝麻去皮，九蒸九曝，白茯苓去皮捣碎，调入白蜜，和一起做成饼。

又香又甜，人间极品，不好吃你来打我。

我没吃几天，就感觉精气神好了不少，痔疮也小了。[1]

强烈安利！！！

#零食安利 #健康甜品

不减二十斤 不改名

吃了不胖，我可信了啊！

种草大王苏轼

我能骗你嘛！

▲ 127

种草大王苏轼 +关注

还有人没来过这个景点吗？！无比出片！

庐山我早就听说过，据说那里风景秀丽，是个5A级景区。李白、徐凝，都给那里写过诗，野生代言人相当之多。

正好皇上最近把我从黄州调到汝州，途中有机会去趟庐山。

---

[1]《永乐大典残卷之一万一千六百二十·十四巧老·寿亲养老书四》：茯苓面，东坡《与程正辅书》云：旧苦痔疾二十一年，今忽大作，百药不效，欲休粮，以清净胜之而未能。今断酒肉，与盐酢酱菜，凡有味物皆断，又断米芫米饭，惟食淡面一味。其间更食胡麻茯苓面少许，取饱，胡麻，黑脂麻是也。去皮，九蒸九曝，白茯苓去皮，入少白密匀面，杂胡麻食之甚美，如此服食多日，气力不衰，而痔渐退。

我这个人可能是被贬惯了，看的总是些偏远的小众景点，所以对于这种大景点，我是怀着"我倒要看看你多好看"的心态去的。

没想到……呜呜呜太好看了！就这景色能不出片吗？你摆什么姿势能不好看！

山谷奇异秀丽，白练悬天飞溅，这神仙风光我这两只眼睛都不够用的。

当即我就决定，这次不写诗了，我要用全部精力好好游览一番。

没想到，咱这名气太大了，山里的僧人一下子就给认出来了。

你瞅瞅这事闹的，想低调都不行。于是我一个没忍住，写了首《初入庐山》。

芒鞋青竹杖，自挂百钱游。

可怪深山里，人人识故侯。

没走几步到了开先寺，主僧又问我求诗。

人红就是麻烦。

我飞速写完，赶紧接着爬山。当然，其间又憋不住写了几首。

后来我又和参寥去了西林，在那里又写了首《题西林壁》。

横看成岭侧成峰，远近高低各不同。

不识庐山真面目，只缘身在此山中。

说好了不写，结果一趟下来写了五首。不过这也不怪我，谁让景色太好看了呢？

小 tips（提示）：景区很大，建议趁长假出游，多玩几天才痛快，像我就在山南来回了十多天。[1]

庐山新代言人

有多远走多远

大大还什么时候去呀，想一起结个伴！

作者赞过　　　　　　　　　　　　　▲ 468

种草大王苏轼

你来晚了，我在海南吃椰子呢。

---

[1] 出自苏轼《记游庐山》。

种草大王苏轼

+关注

让我看看还有谁不知道这款小众装饰物，美到炸裂！

前两天邻居到我家参观，连连竖大拇指，称我的审美绝了，脱离了低级趣味。

不可否认，他说的的确是事实。

我家的装修没用那些俗物，什么名贵的金丝楠木、纯银烛台等，而是采用了最简约的方式——只有墙壁。

咱也不是说因为没钱装修，就是纯纯地喜欢这种家徒四壁的风格。

而最凸显我家格调，直接给艺术气息抬高一个 level（等级）的装饰物就是……

石头！

你没看错，就是石头。这些石头颜色各异，形态不一，当作摆件别有一番情趣。

要说哪里的怪石多，要数齐安江。江里的石头像玉一样，有红的白的黄的，纹路像人的指纹，特别好看。

那边的小孩有时候去江里洗澡，能摸得一两颗。我就蹲在旁边，等着用饼换。然后用古铜盘把石头盛在里面，再注些水，五光十色的特别好看（我的首创！转发请注明出处！[1]）。

我最近最喜欢的一块儿是从我家后花园发现的，黑底白脉，质地温润如玉。上面的白色花纹，形如浪花翻滚或是瀑布飞泻涌起的雪沫[2]。

这哪是石头，简直是山水画啊。

我将此石命名为"雪浪石"，把它装到了汉白玉大盆里，好看到我反手就把自己的居室命名为"雪浪斋"。

档次瞬间拉满！

朋友们还不赶快学起来！

1《前怪石供》："又得古铜盘一枚，以盛石，挹水注之粲然……皆得以净水注石为供，盖自苏子瞻始。"

2《云林石谱》："异哉驳石雪浪翻，石中乃有此理存。"

装修

种草大王苏轼

我手里还有几颗多余的石头,想要的宝宝们点击链接哟么么哒,最近没钱吃饭了……

▲ 199

作者置顶

种草大王苏轼　　　　　　　　　　　+关注

挖到宝了家人们！不吃不是中国人！

这玩意儿太好吃了,关注我的朋友们有福了,咱们关上门慢慢说。

冬至前两天,我搞到一批生蚝。这东西乍一看长得奇奇怪怪的,闻着还有点腥。

没想到把它们撬开,连海水带蚝肉,一起放入酒中煮熟后……

天堂的味道！！

蚝肉细嫩软滑,肥美无比,奶香不腻。因为自带了咸味所以无需调味,还有淡淡的酒香。

一口一个简直停不下来,是我从来没吃过的美味！

再挑选几只个大的,直接烤熟。[1] 啧啧啧……好吃到你哭出来。

我是看大家都是自家人才分享出来的,绝对无广。因为直到现在,我都只把这东西告诉了我儿子一个人。

不仅如此,还特意叮嘱他千万不要向外声张。

1《食蚝》:"己卯冬至前二日,海蛮献蚝。剖之,得数升。肉与浆入与酒并煮,食之甚美,未始有也。又取其大者,炙熟,正尔啖嚼……"

人间有味是清欢 —— 195

万一那些朝中的北方臣子听说了,再为了美味而求贬海南,和我抢生蚝可怎么办?[1]

分享完毕,我去接着烤生蚝了!

#美食种草#

东坡的课代表

贬谪海南可是仅次于死刑的程度。如此境地也就我们苏苏能这么乐观!比心!

作者置顶 ▲ 324

种草大王苏轼

总说些我爱听的大实话。

1《食蚝》:"每戒过子慎勿说,恐北方君子闻之,争欲为东坡所为,求谪海南,分我此美也。"

日常　生活区　　　　　　　　　　　　　　　　　　文 / 晚无

Vlog
生活区 UP 主的日常

【今日探店】
六月二十七日望湖楼醉书五首

熙宁五年 六月二十七日

大家好，这里是苏·居有竹·食有肉·轼，今天是探店杭州望湖楼。本次探店分为三个维度，景、玩、美食。

【弹幕】：苏轼大大怎么跑到杭州去了？

【弹幕】：小道消息称与 was 和 xjw[1] 有关

#美食种草#

【弹幕】：无官宣，不信谣，不传谣

第一项，景。

老规矩，上诗：

黑云翻墨未遮山，白雨跳珠乱入船。

卷地风来忽吹散，望湖楼下水如天。

【弹幕】：一黑一白，意境绝了！

----
1 注：谢景温

【弹幕】：上次看见这么好的诗，还是上次。

【弹幕】：看景时，眼睛：记下来了；写诗时，脑子：你不会！

第二项，玩。

望湖楼的游船项目是为一绝，泛舟湖上，你不仅能免费观看沉浸式"鱼鳖逐人"表演，还可以体验"荷花迷宫"项目，在肆意生长的西湖荷花中寻得正确路径。这里个人比较推荐夜游套餐，喝点小酒，醉卧船上，以水为枕，令山俯仰，与月裴回。

【弹幕】：哈哈，沉浸式"鱼鳖逐人"，西湖不愧是官府指定放生池。

【弹幕】：荷花迷宫，翻译过来：荷花违规停放、乱生乱长/doge（表情包）

第三项，美食。

乌菱白芡不论钱，乱系青菰裹绿盘。

画重点，这里有一定不要错过的特产：乌菱、白芡、青菰。

菱角皮脆肉美，绿色的菱角生吃即可，非常鲜美，黄色或红色的菱角则要蒸煮，吃起来绵软细腻。白芡可食用，也可酿酒，如果大家感兴趣，我会单独出一期视频聊聊白芡酿酒。青菰，既可当做蔬菜，也可以做饭，性价比非常高。

下面，让我们来尝一尝，嗯，它们的味道跟京城某道观的味道相似，但仔细尝尝，味道要更新鲜，值得尝试。

【弹幕】：哇，新鲜又便宜！

【弹幕】：羡慕的眼泪从嘴角流下来。

今天的探店就是这样，总体来说，没有雷点，值得一游。如果你们知道杭州其他值得推荐的美食美景，欢迎在评论区中安利，下期再见。

评论区

苏大大的课代表：今日份的诗词鉴赏你交了吗？

我叫小石头：啧啧，采莲女不识香草，这标题，yygq[1] 什么呢！

---

1 注：网络用语，意为阴阳怪气。

苏轼的诗词粉 回复 **我叫小石头**：黑子不要瞎黑，建议重复听听开头的诗，通篇都是豁达，写出这样诗的人也能被你说成在 yygq？

苏轼的毒舌粉 回复 **我叫小石头**：可惜 UP 主不理你，不然又有毒舌金句了。

熙宁九年 中秋

明月几时有？把酒问青天。

丙辰中秋，欢饮达旦，大醉，作此篇，兼怀子由。

酒与月是我的灵感之源。

📍 密州

冒牌百晓生：唉，看来 UP 主的"近弟"调任申请又没通过。

（UP 主点了个赞）

苏辙：哥，虽然七年未见，但此时此刻，桂魄[1]连接你我，我和你，心连心。

苏轼 回复 **苏辙**：但愿人长久，千里共婵娟。

---

1 古代传说月中有桂，"桂魄"为月的别称。

人间有味是清欢 —— 199

熙宁十年

这黄河决口着实是个麻烦。

📍 徐州

苏轼：更新我的职业规划。

明年劳苦应更甚，我当畚锸先鲸髡。

付君万指伐顽石，千锤雷动苍山根。

高城如铁洪口决，谈笑却扫看崩奔。

农夫掉臂免狼顾，秋谷布野如云屯。

还须更置软脚酒，为君击鼓行金樽。[1]

元丰元年 春

蔓菁宿根已生叶，韭芽戴土拳如蕨。烂烝香荠白鱼肥，碎点青蒿凉饼滑。[2]

春菜别有一番风味，肉自然也不可少。

感谢徐州乡亲提供的猪肉。

> 这样做猪肉，
> 隔壁的小孩都馋哭了。

苏大大的课代表：

课代表来画重点了。

1. 春菜的吃法：蒸至酥软状的荠菜和鱼肉，青蒿汁和面做饼。

----

1 出自苏轼《春菜》。
2 出自苏轼《答吕梁仲屯田》。

2. 祖父，您关注的朝（代）更 UP 主终于想起自己是美食区的了，可他还没有更新做菜视频！

　　家在徐州：啊！我在现场，苏知州把大家送的肉烹制后又送了回来，真的特别特别好吃！

　　苏轼的美食粉 回复 家在徐州：信女愿一生荤素搭配，只求 UP 主出一期教学视频。

　　我是事业粉 回复 家在徐州：苏知州太棒了！

元丰二年 四月

湖州的美食等我。

苏轼的美食粉：催更美食教程！

苏轼 回复 苏轼的美食粉：下次一定。

苏轼的美食粉：天啊，我被翻牌了，我是在做梦吗？

元丰二年 七月二十八日

因不可抗力因素，停更。

📍 去往京城的路上

苏轼的美食粉：什么情况？不是说好下次一定吗？

湖州吃瓜人：苏知州才来三个月，这是怎么了？有没有知情人，求私信。

冒牌百晓生 回复 湖州吃瓜人：《湖州谢上表》。

我是事业粉 回复 冒牌百晓生：苏知州革新除弊，因法便民，在各地颇有政绩。这，这，唉……

苏大大的课代表 回复 我是事业粉："虽千万人吾往矣。"[1]

元丰二年 十二月

回来了。

📍 黄州

苏大大的课代表：103 天，欢迎回来。

雪天与朋友聚餐。

风捲飞花自入帷，一樽遥想破愁眉。

泥深厌听鸡头鹘，酒浅欣尝牛尾狸。

通印子鱼犹带骨，披绵黄雀漫多脂。

殷勤送去烦纤手，为我磨刀削玉肌。[2]

苏轼的美食粉：这次我来当课代表，黄州牛尾狸，UP 主与朋友吃的一定都是美食，记笔记！

徐使君：非常美味。

（UP 主点了个赞）

....
1 出自《孟子·公孙丑上》。
2《送牛尾狸与徐使君》。

202 —— 苏轼 人间惊鸿客

王安石：长鱼俎上通三印，新茗斋中试一旗。[1]

（UP 主点了个赞）

元丰七年

再见了黄州，再见了黄州猪肉。

去往汝州的路上

东坡肉铁杆粉：呜呜呜，舍不得副使。路途遥远，一定要珍重。

（UP 主点了个赞）

择一地终老。

常州

元祐五年

百姓送的肥猪。顺便浅捞下前期视频《这样做猪肉，你学会了吗？》

杭州

新晋杭州铁杆粉：苏学士太好了，任职的第二年就带领我们疏浚西湖、立三塔、筑长堤，这是什么神仙 UP 主！

---

[1] 出自王安石《送福建张比部》。

苏轼的美食粉：只有我的注意点是肥猪吗？

东坡肉铁杆粉 回复 苏轼的美食粉：站住，我也是。

我是事业粉：考古评论，东坡居士之后还把皇帝赏赐的黄金捐了，用来疏浚西湖。

绍圣元年

听闻有隐者善酿桂花酒，明日登门拜访，到时候给大家出个教程视频。

📍惠州

（置顶）

东坡居士：捣香筛辣入瓶盆，盎当春溪带雨浑。收拾小山藏社瓮，招呼明月到芳樽。酒材已遗门生致，菜把仍叨地主恩。烂煮葵羹斟桂醑，风流可惜在蛮村（涉及的酿酒秘方已得到版权许可）。[1]

冒牌百晓生：世事变迁，UP主这些年又去了不少地方。

绍圣二年

日啖荔枝三百颗，不辞长作岭南人。[2]

苏轼的美食粉：又被安利了荔枝，可是UP主已经好久没有更新视频了！

东坡居士 回复 苏轼的美食粉：下次一定。

---

1 出自苏轼《新酿桂酒》。
2 出自苏轼《惠州一绝》。

【美食】
揭秘众狗不悦背后的真相

惠州市井寥落，然犹日杀一羊，不敢与仕者争。买时，嘱屠者买其脊骨耳。[1]

大家好，这里是苏·食依然有肉·东坡。最近的矛盾是日益稀少的羊肉供应与我日益增长的对食肉的渴求之间的矛盾，为了解决这一矛盾，我以羊脊骨肉为食材研究出了一道肉食。你们想学吗？想学我教你们啊！

【弹幕】：被标题吸引来的

【弹幕】：羊脊骨上还有肉？

首先，取出很好买到的羊脊骨肉，清洗干净后，用水煮熟。

然后，将煮好的肉趁热捞出浸在米酒中，撒薄盐，放在炭火上烤制，烤至微焦。之后，就可以享受藏在骨头缝儿中的羊肉了。

【弹幕】：我心疼！

【弹幕】：听起来感觉不错，或许别有一番风味？

【弹幕】：想试一试，可是家里只有羊肉怎么办？

个人非常喜欢这道菜，即便肉没有了，啃骨头的时候，也可以想象成啃大闸蟹。这样做一肉两吃型羊脊骨肉，你学会了吗？

【弹幕】：苏轼：回首向来萧瑟处，归去，也无风雨也无晴。[2]

【弹幕】：所以众狗不悦背后的真相是？

评论区

东坡居士：子由三年食堂庖，所食刍豢，没齿而不得骨，岂复知此味乎？@苏辙

---
[1] 出自《与子由弟书》。
[2] 出自苏轼《定风波》。

苏辙 回复 东坡居士：哥……

东坡居士 回复 苏辙：戏书此纸遗之，虽戏语，实可施用也。然此说行，则众狗不悦矣。[1]

苏轼的美食粉 回复 东坡居士：哈哈，原来真相在这，笑出眼泪。

东坡先生卜居南山之下，服食器用，称家之有无。水陆之味，贫不能致，煮蔓菁、芦菔、苦荠而食之。其法不用醯酱，而有自然之味。[2]

📍 儋州

姜唐佐：沧海何曾断地脉，白袍端合破天荒[3]（举乡贡后特来考古评论）。

苏大大的课代表：儋州还有东坡村、东坡井、东坡田、东坡路、东坡桥和东坡帽的传说。

建中靖国元年 七月二十八日
回来了。

📍 常州

---

1 出自《与子由弟书》。
2 出自苏轼《菜羹赋》。
3《赠姜唐佐生》，苏轼和苏辙共同完成的一首诗，是赠给来自琼州的姜唐佐的，苏轼写了"沧海何曾断地脉，白袍端合破天荒"这两句。

莫听穿林打叶声，何妨吟啸且徐行。
竹杖芒鞋轻胜马，谁怕？
一蓑烟雨任平生。

请打开江海留音卡，
完成星图碎片的最后收集。

图书在版编目（CIP）数据

苏轼：人间惊鸿客／古潮编著.—武汉：长江出版社，2022.9
ISBN 978-7-5492-8500-6

Ⅰ.①苏… Ⅱ.①古… Ⅲ.①苏轼(1036-1101)—生平事迹 Ⅳ.①K825.6

中国版本图书馆CIP数据核字(2022)第169736号

本书经天津漫娱图书有限公司正式授权长江出版社，在中国大陆地区独家出版中文简体版本。未经书面同意，不得以任何形式转载和使用。

苏轼：人间惊鸿客　／　古潮 编著

出　　版	长江出版社
	（武汉市解放大道1863号 邮政编码：430010）
选题策划	漫娱图书　买嘉欣
市场发行	长江出版社发行部
网　　址	http://www.cjpress.com.cn
责任编辑	钟一丹
特约编辑	郭　昕　龚伊勤
总 策 划	ZOO工作室
装帧设计	殷　悦　徐　蓉　邵艺璋
印　　刷	武汉鸿印社科技有限公司
版　　次	2022年9月第1版
印　　次	2024年3月第14次印刷
开　　本	710mm×1120mm　1／16
印　　张	13
字　　数	200千字
书　　号	ISBN 978-7-5492-8500-6
定　　价	45.00元

版权所有，翻版必究。如有质量问题，请联系本社退换。
电话:027-82926557(总编室)　027-82926806(市场营销部)